《党政干部传统文化学习丛书》编委会

党政干部传统文化学习丛书

李长喜◎主编

中国国学文化艺术中心/组编

崇正义

程少华/编著

人民出版社

目　录

总 序

弘扬中华优秀传统文化
培育和践行社会主义核心价值观

　　读书学习，是领导干部加强党性修养、坚定理想信念、提升精神境界、涵养高雅情趣的重要途径。习近平同志高度重视领导干部的学习问题。他用古典名句"学者非必为仕，而仕者必为学"来说明，读书人不一定都要当领导干部，而担任领导职务的干部必须坚持读书学习。对学习采取什么态度和应该学习什么内容，习近平同志都有明确要求：领导干部要爱读书、读好书、善读书。真正把读书学习当成一种生活态度、一种工作责任、一种精神追求。要读好马克思主义理论著作、工作必需的各种知识书籍、优秀传统文化书籍。

　　习近平同志很重视学习和弘扬中华优秀传统文化。他指出，要通过研读优秀传统文化书籍，吸收前人在修身处事、治国理政等方面的智慧和经验，养浩然正气，塑高尚人格，不断提高人文素质和精神境界。对于先人传承下来的文化，要坚持古为今用、推陈出新，有鉴别地加以对待，有扬弃地予以继承，努力做到创造性转化，创新性发展。

党的十八大报告指出："倡导富强、民主、文明、和谐，倡导自由、平等、公正、法治，倡导爱国、敬业、诚信、友善，积极培育和践行社会主义核心价值观。"这里用"三个倡导"、24个字，科学地概括了我国社会主义核心价值观的内涵，明确了国家发展目标，彰显了社会核心理念，确立了公民基本道德，体现了社会主义核心价值体系的本质要求。

培育和践行社会主义核心价值观，必须把行政管理的硬手段和文化管理的软实力结合起来。行政管理的硬手段就是使国家的法律法规、方针政策和各单位制定的制度纪律、计划措施等体现社会主义核心价值观的要求，用这种办法见效快，但时效短。必须经常讲任务，提要求，不断监督检查。所以单靠行政管理硬手段的办法还不行，还必须同时发挥文化软实力的作用。

文化软实力就是管理的软要素，包括优秀的文化传统、高尚的道德理念、良好的价值观念以及单位形象、行为准则、道德规范、好习惯好作风等。人们在这样的优良软环境里，通过精神引导、心理暗示、潜移默化地使心灵得到洗礼，在不知不觉中使道德素质和思想境界得到提高，不论在什么时候、做什么事情，都会显示出强大的精神力量。用这种软要素即文化软实力的管理办法，虽然见效比较慢，但时效长。企业文化建设、社区文化建设、校园文化建设和机关文化建设，就是优化和提升管理的软要素即增强文化软实力。一位现代管理企业家说过："对于企业的发展，一个好点子可以管几个月，一个好战略可以管几年，而一个好的企业文化可以使企业长久不衰。"中华优秀传统文化是最大的文化软实力。用弘扬中华优秀传统文化的办法培育和践行社会主义核心价值观可以起到长效作用。

习近平同志指出："培育和弘扬社会主义核心价值观必须立足中华优秀传统文化。牢固的核心价值观，都有其固有的根本。抛弃传统，丢掉根本，就等于割断了自己的精神命脉。""深入挖掘和阐发中华优秀传统文化讲仁爱、重民本、守诚信、崇正义、尚和合、求大同的时代价值，使中华优秀传统文化成为涵养社会主义核心价值观的重要源泉。"

　　根据习近平同志的重要论述，中国国学文化艺术中心组织编著了一套"党政干部传统文化学习丛书"，包括《讲仁爱》《重民本》《守诚信》《崇正义》《尚和合》《求大同》等六册。选取相关的古文语录、经典名句、诗词或诗句等古代原文；用通俗易懂的语言译成白话文，对于与原文有关的背景和典故进行必要的解释；联系实际，古为今用，以古鉴今，深入挖掘和阐发古代原文对于解决当前问题的时代价值和现实意义，着力论述对于培育和践行社会主义核心价值观的借鉴意义和精神力量。

　　我们力求使这套丛书成为各级党政干部和有自学阅读能力的人们愿意读、读得懂、易践行的通俗读物，对培育和践行社会主义核心价值观起到积极的长效作用，也企盼读者提出宝贵意见。

李长喜

2016 年 10 月

第一章
国家治理：天下有义则治，无义则乱

"义者，正也。"现在所说的"正义"，在古代单用一个"义"字。"义"的繁体字是"義"，其甲骨文为"我持羊"之形。《说文解字》："义，己之威仪也。从我羊。""我"的甲骨文像一种有许多利齿的武器，象征战斗；"羊"在字形上左右对称，象征公平，且羊为祭牲，也象征信仰；"我"把"羊"举在头顶，意即为了公平和信仰而奋斗。在不同的历史时期，"义"的字形虽有所变化，其公平、正直、事之宜的核心意思却从未改变。直到今天，中华人民共和国国歌《义勇军进行曲》也是"义"字当头。义，作为"五常"之一，成为维系国家长治久安的重要精神支柱。只有实行义政，坚持公正廉明，才能为经济社会发展提供坚强有力的政治保证。

本章站在国家治理的角度，分为"王义""公义"和"廉义"三个部分，通过对经典名句的学习、研究和解读，感受治国理政层面义文化的无穷魅力。"王义"一节着重研习治国安邦思想，领悟德刑并施、王霸杂用的知义善政；"公义"一节着重研习公正思想，领悟国耳忘家、天下为公的正直无私；"廉义"一节着重研习廉政思想，领悟一身正气、两袖清风的脂膏不润。

一、王义：是以知义之为善政也

【原文】

无偏无陂，遵王之义；无有作好，遵王之道；无有作恶，遵王之路。

——（上古时代）《尚书·洪范》

【释义】

不偏私不陂陀，遵守圣王之义；不负贵好权，遵守圣王之道；不为非作恶，遵行圣王之路。

【解读】

陂（pō）：陂陀，形容倾斜不平。王之义、王之道、王之路：即正义、王道、王路，亦即圣王之义、圣王之道、圣王之路，三者意思相同，指的是古代圣明君王以公正治天下、待百姓的执政方法。商代最后一位君主纣王帝辛暴虐无道，整天酗酒淫乐而不理朝政。纣王的叔父箕子见此便苦心谏阻，反被纣王囚禁起来。武王伐纣时，箕子趁乱逃往箕山隐居。周朝建立后，周武王姬发求贤若渴，造访隐居山中的箕子，向箕子请教治国之法，箕子说了上面的话，建议走"无偏无陂"的公平中正之路，推行有利于天下长治久安的王义。紧接着这段话，箕子说："无偏无党，王道荡荡；无党无偏，王道平平；无反无侧，王道正直。"意思是说，不偏私不结党，圣王之道浩浩荡荡；不结党不偏私，圣王之道平平坦坦；不反常不欹侧，圣王之道正义顺直。唐朝开国宰相房玄龄在回答唐太宗李世民问政时引用过这段话。

【原文】

故义胜欲则昌，欲胜义则亡。

——（商末周初）姜尚：《六韬·文韬·明传》

【释义】

所以正义超过私欲，国家就会昌盛；私欲超过正义，国家就会灭亡。

【解读】

周文王姬昌卧病在床，召见姜子牙，太子姬发即后来灭亡商朝的周武王也在床边。文王对姜子牙说："我马上要离开人世了，社稷大事将要托付给您。现在我想听听您的意思，以便教育子孙后代。"姜子牙问："您想知道什么呢？"周文王说："古代圣王的治国之道，应该废弃的是什么？应该推行的又是哪些？"于是，姜太公从正反两方面阐述了延续国祚、传之子孙的要道。"见善而怠，时至而疑，知非而处，此三者，道之所止也。"意思是说，见到善事却懈怠不做，时机来临却迟疑不决，知道错误却漠然置之，这三种情况，是圣王明君治国之道应该废止的。"柔而静，恭而敬，强而弱，忍而刚，此四者，道之所起也。"意思是说，谦柔而宁静，恭顺而敬重，强大而示弱，忍耐而刚正，这四种情况，是圣王明君治国之道应该兴起的。在此基础上，他提出"义胜欲则昌，欲胜义则亡"的论断。这是姜太公在仔细研究之前各朝历史的基础上总结出来的颠扑不破的真理。

【原文】

以正治国，以奇用兵，以无事取天下。

——（春秋）李耳：《老子》

【释义】

以正义之道治理国家，以诡奇的方法带兵作战，以不生事扰民来安定天下。

【解读】

在自然无为思想的基础上，道家学派创始人老子提出无为而治理念和依道治国方略。无为而治思想主要包括清静之治、自然之治、柔弱之治和爱民之治，其基本理念是把握好行政管理的度，尽量减少不必要、不适当的干预。"以无事取天下"，亦即无为而治，并非禁绝一切管理行为，只是禁止"逆其自然"的行政干涉。在老子看来，要坚持"以正治国"，而不能采取骗术、奇术、诈术等手段来治理国家；管理者既不能随心所欲地作为，也不能脱离实际地妄为，才能赢得老百姓的拥护和支持；用领兵打仗的诡道来治国是不行的，而用治国的正道来领兵打仗也不一定行得通。"以正治国"的施政理念和哲学智慧，对后世治国安邦实践影响较大，对现代行政管理和社会管理仍具有指导意义。

【原文】

为政以德，譬如北辰，居其所而众星共之。

——（春秋）孔丘：《论语·为政》

【释义】

当政者以德义治理国家，就像北极星一样，居于一定方位而群星井然有序地环绕在它的周围。

【解读】

譬（pì）：比喻，比方。譬如：比如。北辰：北极星。共：同"拱"，环绕。五帝传说时期讲"德治"，西周初年崇尚"以德配天，敬德保民，明德慎罚"。"至圣"孔子继承和发展了这些理念，倡导以德治国，形成系统全面的治国理政思想体系。"为政以德"思想主要有以下内容：一是以德居位，无德不贵，统治者的道德必须高尚，否则就不能居于高位；二是君宜公举，统治者必须言行得体，得到人民的公认和推举；三是臣可废君，如果统治者不遵守正义原则，臣民有权起来革命，甚至推翻君王的统治。对于春秋时期的诸侯混战，孔子认为是"礼乐崩坏，天下无道"的结果。为了变"天下无道"为"天下有道"，孔子离开鲁国，带着众弟子周游列国十四年，到过卫、曹、宋、郑、陈、蔡、楚等国，拜见过大小封君七十余人，推行"为政以德"的政治主张。可是，在那战火纷飞的时代，孔子关于恢复周朝初年礼乐制度的愿望始终没有得以实现。

【原文】

道之以政，齐之以刑，民免而无耻；道之以德，齐之以礼，有耻且格。

—— （春秋）孔丘：《论语·为政》

【释义】

以政令来引导，以刑法来约束，百姓只求免予刑罚而无羞耻之心；以道德来引导，以礼义来约束，百姓就有羞耻之心而循规蹈矩。

【解读】

格：阻碍，限制。作为儒家学派的创始人，孔子认为，治国理政应坚持德主刑辅、重德轻刑的原则。他曾任鲁国执掌刑罚的大司寇，深知行政管理需要紧紧依靠法律手段，实施严刑峻法会达到立竿见影的效果。但是，他又深切感受到，如果百姓仅仅因为害怕惩罚而不敢犯罪，就不会意识到犯罪的可耻，再去犯罪的可能性就很大；用道德来教化引导，用礼制规范进行约束，百姓就会萌生羞耻之心，从而不愿去做违法的事。所以，孔子把施行道德礼义看作为政要义，认为伦理教化是经世济民的正途，可以洗涤人心、激发善性，能促进人们觉悟人生至理、践行沧桑正道，在良好民风的培育过程中有着无可替代的作用。

【原文】

政者，正也。子帅以正，孰敢不正？

——（春秋）孔丘：《论语·颜渊》

【释义】

政，就是"正"。你带头坚持正义，谁敢不坚持正义呢？

【解读】

春秋时期，鲁国大夫季康子问孔子如何治理国家，孔子以上面的话作答。孔子用词源学本意来解读"政"，认为"政"就是"正"，告诫执政者首先自己要匡扶正义，起到表率作用。儒家以推行王义的强烈社会责任感，倡导实现"大道之行也，天下为公"的政治理想。王义，是以圣王为标杆的德治思想，强调统治者对于民众的率先垂范作用，认为为政者应正人先正己，力求自省、自律和自警，善于以自身的正义行为去教育和感化百姓。东汉许慎在《说文解字》中对"政"的解释直接沿用孔子的说法："政，正也。"稍晚于许慎的刘熙在《释名》中亦取此说，并作了进一步补充："政，正也，下所取正也。"

【原文】

是故古者圣王之为政也，言曰："不义不富，不义不贵，不义不亲，不义不近。"

——（春秋末战国初）墨翟：《墨子·尚贤上》

【释义】

所以古代圣明的君王谈及治国理政，说道："不讲正义的人不让他富裕，不讲正义的人不让他显贵，不讲正义的人不与他亲密，不讲正义的人不与他接近。"

【解读】

纵览《墨子》全书，"义"是贯穿其间的一条主线，"十论"几乎都是围绕"义"而展开的。作为墨家学派创始人，墨子把"义"看作最高道德准则，是古代主张贤人政治的突出代表。尚贤思想是墨子思想的重要组成部分，集中体现于《尚贤》篇。墨子指出，贤者必须符合三个条件，即"尚贤三端"："厚乎德行""辩乎言谈"和"博乎道术"。不难看出，"尚贤三端"的共同点如果用一字概之，即为"义"，即判断一个人是不是"贤良之士"，就看这个人符不符合"义"的标准。墨子认为，对财富、名位的取舍要以正义为标准，与人交往的亲疏远近也要以正义为标准，凡是违反正义原则的财利、名誉和情感，都不可取。

【原文】

然义政将奈何哉？子墨子言曰：处大国不攻小

国，处大家不篡小家，强者不劫弱，贵者不傲贱，多诈者不欺愚。

——（春秋末战国初）墨翟：《墨子·天志上》

【释义】

那么义政应该怎么做呢？墨子说：居于大国地位的不攻打小国，居于大家族地位的不篡夺小家族，强大的人不劫掠弱小的人，富贵的人不傲视卑贱的人，狡诈的人不欺压愚笨的人。

【解读】

"十论"被公认为墨子义政思想的核心，即尚贤、尚同、兼爱、非攻、节用、节葬、天志、明鬼、非乐、非命。细读《墨子》，不难发现，"义"是"十论"的中心，"十论"是围绕"义"而展开的，"十论"就是"为义"要做的十件事情。墨子一生倾力倡导并付诸实施的"义"，本质上是"农与工肆之人"等下层劳动者的基本利益。尚贤，指的是干部人事上的尊贤用能。尚同，即"上同"，指下级的思想和行动统一于上级，最终统一于"天"。兼爱，即爱利百姓、爱利万民，是墨子"用义为政于国"思想在民生方面的体现。非攻，是针对当时诸侯国之间的战争而倡议的反战理论和措施。节用、节葬、非乐，是为了让百姓饥得食、寒得衣、安宁无忧，而在物质、经济和生活方面提出的主张。天志、明鬼、非命，是为推行"义事"而在宗教信仰方面奉行的立场。天志，即"义自天出"，强调"天"是不可怀疑的权威。明鬼，是宣扬人世间有鬼神监督，警诫世人不要做坏事。儒家主张"死生有命，富贵在天"，而墨子认为，儒家"有命说"否认改变百姓命运，有悖于"义"，强调"为义"必定"非命"。《墨子·天志下》也有类似的阐述："曰：'义正者，何若？'曰：'大不攻小也，强不侮弱也，众不贼寡也，诈不欺愚也，贵不傲贱也，富不骄贫也，壮不夺老也。'"

【原文】

　　义者，善政也。何以知义之为善政也？曰：天下有义则治，无义则乱，是以知义之为善政也。

　　　　——（春秋末战国初）墨翟：《墨子·天志中》

【释义】

　　正义，就是善政。怎么知道正义就是善政呢？回答说：国家讲正义就太平，不讲正义就混乱，所以知道正义就是善政。

【解读】

墨子强调，"天"为万民兴利除害，具有大公无私的品格、善恶分明的态度和法力无边的权威；"义"从"天"出，以"天志"为准则；"义"关系到个人的生存意义和价值取向，也关系到社会的治乱。墨子依托"天志"，将"义"推广到从上至下的政治行为中。他认为，"天"为政于天子，天子为政于三公诸侯，依此类推至庶人，即是"义"；要达到"富且贵"的目的，就一定要"顺天意"；要达到"顺天意"的目的，就一定要实行义政；实行义政，以正义精神教育人、影响人，国家就会大治；实行暴政，对内征收苛捐杂税，对外无度征伐扩张，天下就会大乱。类似的论述还有很多，比如，《墨子·天志上》："天下有义则生，无义则死；有义则富，无义则贫；有义则治，无义则乱。"《墨子·天志下》："义者，正也。何以知义之为正也？天下有义则治，无义则乱，我以此知义之为正也。"

【原文】

义人在上，天下必治。

——（春秋末战国初）墨翟：《墨子·非命上》

【释义】

讲正义的人居于上位，天下必定得到良好的治理。

【解读】

自古以来，仁人义士都是引导思想道德健康向上、促进社会安定团结的重要力量。这句话强调上位之人以身作则、以上率下的示范效应。从"兴天下之利，除天下之害"的圣王之道出发，墨子认为，爱人、利人为"义"，害人、杀人为"不义"；"兼相爱，交相利"，是施行义政的最佳途径。墨子又说："然而正者，无自下正上者，必自上正下。"所以，身居高位的人如果主持公平正义，就会推行王义。然后，以政治权力层级为顺序，由上而下，居于在上位的"义人"匡正下一级，一级匡正一级，在全社会形成崇尚并践行正义的良好风气，国家就会长治久安。

【原文】

徒善不足以为政，徒法不足以自行。

——（战国）孟轲：《孟子·离娄上》

【释义】

光有善德不能执好政，光有法律不能自动发挥作用。

【解读】

这句话表明，"亚圣"孟子强调道德教化和法律制约应在治国理政中并驾齐驱地发生作用。不过，在《论语·子路》中，孔子指出："父为子隐，子为父隐，直在其中矣。"意即，父亲替儿子隐瞒过失，儿子替父亲隐瞒过失，率真就在其中。儒家在主张德治和法治并用的基础上更侧重于"亲亲相隐"，认为事亲、尊亲、爱亲是实施仁政的前提，是区分罪与非罪、轻罪与重罪的重要依据。这种治国理政理念从"孟子论舜"中可见一斑。《孟子·尽心上》记载说，舜为天子，皋陶任司法官。舜的父亲瞽瞍杀了人，皋陶把瞽瞍抓起来，舜因自己贵为天子，不能公开阻止，却又不忍心父亲身陷囹圄。两难选择中，舜抛弃天子之位，把父亲偷偷背出监狱，逃到遥远的海滨住下来，让父亲愉快地度过余生。在孟子看来，舜的举动值得赞颂。

【原文】

君仁莫不仁，君义莫不义，君正莫不正。一正君而国定矣。

——（战国）孟轲：《孟子·离娄上》

【释义】

君主仁慈，就没有不仁慈的百姓；君主重义，就没有不重义的百姓；君主正直，就没有不正直的百姓。有一个坚持正义的君主，国家就安定了。

【解读】

春秋时期孔子的《论语·子路》："其身正，不令而行；其身不正，虽令不从。"东汉班固的《白虎通·三教》："教者，效也，上为之，下效之。"北宋范仲淹的《尧舜率天下以仁赋》："殊途同归，皆得其垂衣而治；上行下效，终闻乎比屋可封。"这些论述都清楚地表明，儒家的基本治国理念是由具有高尚道德典范的人来治理国家，倡导统治者以良好的道德修养感化百姓，赢得百姓发自内心的尊崇和顺服，从而建立起礼治、德治和人治秩序；否则，就会引发民间所说"上梁不正下梁歪"的效应，导致社会秩序失衡，动摇稳定的社会根基。这样一来，明君贤臣成为"良人之治"模式的标榜与柱石。墨子说："义人在上，天下必治。"从这个意义上说，儒墨两家的观点是一致的。当然，这种治国方式也存在一些顽疾，呈现出落后腐朽的一面。比如说，世袭制导致昭昭昏君多于圣明之君，举孝廉和科举考试过程中的舞弊造成人才选拔的不公，当初的贤臣日后可能变为贪官，明君贤臣一旦犯错就会造成严重后果。

【原文】

故用国者，义立而王，信立而霸，权谋立而亡。

——（战国）荀况：《荀子·王霸》

【释义】

所以治理国家，正义建立了就能称王天下，诚信建立了就能称霸诸侯，权术谋略大行其道就会灭亡。

【解读】

"王"和"霸"是古代两种不同的政治形式或政治思想，首先由孟子作出典范式的界定。孟子说："以力假仁者霸，霸必有大国；以德行仁者王，王不待大。"意思是说，凭借武力假托仁义的可以称霸，称霸必须具备大国的条件；依靠道德施行仁义的可以称王，称王不一定要具备大国的条件。《荀子·王霸》的主题是"用国"之道，阐述了治国方法的三个层次，即义、信和权谋。荀子认为，以义治国是王道之路，能做到不因人而废、因事而止，可以保障国家机器良性运转；以信治国是霸道之路，诚信一旦确立，盟国就会增加，就能成为盟主；以权谋治国是灭亡之路，人与人、国家与国家之间交往时就会时刻权衡得失利弊，为达目的而不择手段，社会将混乱不堪，国家就会卷入战争，最终必然自取灭亡。荀子主张"义立而王"的治国模式，把孟子推崇的王霸思想向现实世界推进了一步。

【原文】

以国齐义，一日而白，汤、武是也。

——（战国）荀况：《荀子·王霸》

【释义】

使国家统一于正义，终有一天将会声名大震，商汤王、周武王就是这样。

【解读】

摆出这个结论后，荀子接着举例论证："汤以亳，武王以鄗，皆百里之地也，天下为一，诸侯为臣，通达之属，莫不从服，无它故焉，以济义矣。是所谓义立而王也。"意思是说，商汤王凭借亳邑，周武王凭借鄗京，都不过是百里见方的领土，而天下被他们统一，诸侯成为他们的臣属，凡交通能到达的地方，没有不服从的，这没有其他缘故，是因为他们掌握了正义，这就是所谓的"义立而王"。荀子认为，如果推行"以国齐义"，在整个国家营造公平正义的良好氛围，就一定能达到"义立而王"的效果，形成四海臣服、万民归心的局面。荀子在一定程度上吸收了法家法学思想和墨家义政思想，但作为先秦儒家思想的集大成者，他并没有背离孔孟倡导的王义之路，而是通过对历史经验教训的总结和对社会剧烈变革的透视，提出"义立而王"的论断，凸显正义之重，为儒家治国理政思想的建构作出了重要贡献。

【原文】

故义胜利者为治世，利克义者为乱世。上重义则义克利，上重利则利克义。

——（战国）荀况：《荀子·大略》

【释义】

所以正义的重要性超过利益，社会就会安定；利益的重要性超过正义，社会就会动乱。居于上位的人重视正义，正义的重要性就会超过利益；居于上位的人重视利益，利益的重要性就会超过正义。

【解读】

荀子认为，追求名利是人与生俱来的愿望，"欲多而物寡，寡则必争矣"；人也具有自觉的道德意识，能够做到先义后利；义利之间相互依存，"利"是"义"得以体现的前提，而"义"存在的价值就在于规定和调节"利"。"义胜利者为治世，利克义者为乱世"的意思是，如果通过正义来调节人们的欲望，达到"义"与"利"的和谐，社会就会安定团结；如果放纵人的本性，客观世界无法满足人的欲望，就会导致社会秩序紊乱，甚至发生战争。荀子强调，在义利博弈的过程中，当权者特别是君主的作用非常大。为了论证"上重义则义克利，上重利则利克义"的观点，荀子说："虽尧、舜不能去民之欲利，然而能使其欲利不克其好义也；虽桀、纣亦不能去民之好义，然而能使其好义不胜其欲利也。"也就是说，纵然唐尧、虞舜不能祛除民众追求私利的欲望，但是能够使民众对私利的追求敌不过对正义的爱好；纵然夏桀、商纣不能祛除民众对正义的爱好，但是能够使民众对正义的爱好敌不过对私利的追求。

【原文】

古之正义，东西南北，苟舟车之所达，人迹之所至，莫不率服，而后云天子。

——（西汉）贾谊：《新书·威不信》

【释义】

自古以来按正义行事，无论东南西北，只要是船、车和人能够到达的地方，没有不心悦诚服的，然后就能称天子。

【解读】

这段话强调，正义具有至高无上的威力，只要心怀正义并践行正义，就会受到百姓的支持和拥戴，就会赢得天下。西汉名臣贾谊对当时处于统率地位的"无为而治"思想持否定态度，以奋发有为的积极姿态，向汉文帝刘恒提出一套定制度、兴礼乐、行仁义的治安之策。贾谊强调，德治和法治互为补充、相辅相成，是治国安邦的两大要义。他说："礼禁未然之先，而法施已然之后。"意思是说，礼义用在恶行发生之前，以防患于未然；法律用在恶行发生之后，起到惩戒有据、以儆效尤的作用。与此同时，贾谊又说："刑罚积而民怨背，礼义积而民和亲。""道之以德教者，德教洽而民气乐；驱之以法令者，法令及而民风哀。"在此，他更强调德教的功效，主张儒法相融、德主刑辅的国家治理模式。贾谊在《过秦论》中分析秦亡原因时指出，秦国以区区之地统一中国，不可谓不强，却很快二世而亡，根源在于"仁义不施而攻守之势异也"。秦朝具有严苛的制度和强大的武力，但不施善政，最终落得"一夫作难而七庙隳，身死人手，为天下笑"的下场。

【原文】

汉家自有制度，本以霸王道杂之，奈何纯任德教用周政乎？

——（东汉）班固：《汉书·元帝纪》

【释义】

汉朝自从建立制度以来，本来就是霸道和王道并用，怎么会仅仅施行德道德教化而使用周朝的政体呢？

【解读】

汉朝初年，高帝刘邦汲取秦朝因施行暴政而灭亡的教训，以黄老学说的无为而治思想来治理国家。文景时期，依然强调无为而治的治国理念，同时辅之以儒家和法家思想，采取轻徭薄赋、休养生息的政策。汉武帝时期，采纳了董仲舒"罢黜百家，独尊儒术"的建议，但实质上是宽政猛政并用。汉元帝刘奭八岁时被立为太子，成年后温良宽厚、钟爱儒术，见汉宣帝刘询重用的多是法吏，爱好使用严刑峻法惩处直谏之臣。有一次，刘奭对汉宣帝说："陛下持刑太深，应用儒生。"汉宣帝就非常生气地说了上面这段话。简而言之，"王道"指的就是儒家治国思想，"霸道"指的是法家治国思想。表面上独尊儒术，实际上儒法道并用，是汉武帝及以后的统治者惯用的治国理政方略。

【原文】

天道之大者在阴阳，阳为德，阴为刑，刑主杀而德主生。

—— （东汉）班固：《汉书·董仲舒传》

【释义】

天道的恒大无边在于阴阳互补，阳是德治，阴是刑罚，刑罚主张杀生而德治主张使人更好地生存。

【解读】

汉武帝刘彻即位后，要求各地推举贤良之士，董仲舒被推举参加策问。汉武帝连续对董仲舒进行了三次策问，基本内容是天人关系问题，故被称为"天人三策"。第一次策问的主要内容是巩固统治的道理，第二次策问的主要内容是治国理政的方法，第三次策问的主要内容是天人感应的理论。董仲舒在对策中详尽阐述了神权与君权的关系，提出"罢黜百家，独尊儒术"的建议。这是董仲舒在第一次对策中对汉武帝说的一番话，认为君王秉承天的意志办事，要注重以德义教化百姓，而不要把惩罚杀戮作为治国理政的手段。在第二次对策中，董仲舒再次阐述刑德关系，以史实为证，分析历史事件成败之因，进一步明确"德阳刑阴"理念，提出"德刑并治，德主刑辅"的理论。他说："天道之常，一阴一阳。阳者，天之德也；阴者，天之刑也。"他还说："阳贵而阴贱，天之制也。"按照董仲舒的"天人合一"理论，天与人类社会有密切关联，人类社会只有效法"天道"，坚持贵德贱刑，才会健康有序地发展下去。

【原文】

德礼为政教之本，刑罚为政教之用，犹昏晓阳秋相须而成者也。

——（唐）《唐律疏议·名例律》

【释义】

道德礼义是政治教化的根本，严刑重罚是政治教化的表现，犹如黄昏和早晨相互依存而成一昼夜、春天和秋天相互依存而成一年。

【解读】

阳秋：因避东晋简文帝的母亲郑太后郑阿春之讳，将"春"改为"阳"，将《春秋》改为《阳秋》。《唐律疏议》是一部以礼法合一而著称的法典，充分体现了唐代德主刑辅、礼法并用的立法思想。所谓德主刑辅、礼法并用，基本要义为"德礼为政教之本，刑罚为政教之用"。具体来说就是，以礼义教化作为治理国家的基本方法，以刑罚制裁作为治理国家的辅助手段；坚持德刑相济，既重视德礼的指导作用，又重视刑罚的约束作用；德礼和刑罚的地位虽然不同，却又缺一不可，应做到先德后刑、多德少刑。《唐律疏议》中还有"轻刑明威，大礼崇敬"的说法，认为司法权威不在于严刑峻法，轻刑不仅不会弱化司法权威，其人性化特色反而会使群众的抵触情绪减弱，有利于增强人们对司法的认同，这与法家的重刑明威迥异其趣。

【原文】

古之圣人，为人父母，莫不制礼以崇敬，立刑以明威。

——（后晋）《旧唐书·刑法志》

【释义】

古代的圣明君主，作为人民的父母官，没有不是制定礼法使人们崇尚恭敬的仪节，建立刑罚使人们明晓其威望。

【解读】

德法合治是很多封建统治王朝治国理政、管权治吏的基本方略，也为古代思想家所推崇。纵观历史，春秋时期的孔子提出"宽猛相济"，战国时期的荀子倡导"隆礼而重法"，西汉的董仲舒强调"阳为德，阴为刑"，唐代律法规定"制礼以崇敬，立刑以明威"，明代主张"明刑弼教"，清代的康熙奉行"以德化民，以刑弼教"。可见，古代各个时期一直不同程度地坚持德法合治思想，这些论述认为，为政者不能执其一端、弃其一端，而要礼法互补、德法并举，社会才能安定团结、兴旺发达。当然，封建王朝的所谓法治更多地意味着严刑峻法，实行的是苛政暴政；即使是仁政，也不是统治者发自肺腑地为百姓着想，实质上是为了稳固统治地位而施行的人治，存在不同程度的伪善性和欺骗性。

【原文】

礼义廉耻，国之四维。四维不张，国乃灭亡。

————（北宋）欧阳修：《五代史·冯道传》

【释义】

礼、义、廉、耻，是维系国家的四项道德准则。这四项道德准则得不到落实，国家就会灭亡。

【解读】

这是欧阳修对《管子》中的相关论述所做的概括归纳。"四维"说出自《管子》。《管子·牧民·四维》："国有四维，一维绝则倾，二维绝则危，三维绝则覆，四维绝则灭。倾可正也，危可安也，覆可起也，灭不可复错也。何谓四维？一曰礼，二曰义，三曰廉，四曰耻。"《管子·牧民·国颂》："四维不张，国乃灭亡。"具体来说，礼，指上下有节，有"礼"就不会超越节度；义，指合宜恰当的行事标准，有"义"就不会破坏规矩；廉，指清明清正，有"廉"就不会因公济私；耻，指明荣知辱，有"耻"就不会轻举擅动。春秋时期，管仲相齐四十年，推行全面改革，制定了一系列富国强兵方略并付诸实施，并第一次提出"以人为本"观点，也是第一次提出"四维"理论。他认为，"四维"是治国理政的基本原则，"守国之度，在饰四维"；"四维"能引领和规范民众行为，促使他们"礼不逾节，义不自进，廉不蔽恶，耻不从枉"。孔子高度评价管仲，强调"管仲相桓公，霸诸侯，一匡天下，民到于今受其赐"，甚至说"微管仲，吾其被发左衽矣"，意即，如果没有管仲，我们都会披头散发，敞开衣襟，像个野蛮人。历史名相诸葛亮常自比管仲，以管仲为楷模。

【原文】

立善法于天下，则天下治；立善法于一国，则一国治。

——（北宋）王安石：《周公》

【释义】

针对天下制定良法，天下就会太平；针对一个诸侯国制定良法，这个诸侯国就会太平。

【解读】

善法：良法，好的法律。"善法"一词源于《管子·任法》："今天下则不然，皆有善法而不能守也。"天下：指整个周朝。国：指周朝时的诸侯国。王安石认为，周代政治经济出现问题的症结在于缺少法度，更无"善法"可言；明君治理天下，一定会制订"善法"并严格加以执行。北宋神宗熙宁元年（1068），王安石发动旨在改变北宋建国以来积贫积弱局面的社会改革运动，是为熙宁变法。这次变法以发展生产、富国强兵、挽救政治危机为目的，涉及政治、经济、军事、社会、文化等各个方面，是继商鞅变法之后的又一次规模巨大的变法，增强了北宋王朝的财力，提升了军事国防实力，大大促进了经济社会的发展进步。

【原文】

千秋龟鉴示兴亡，仁义从来为国宝。

——（清）张映斗：《咸阳》

【释义】

几千年的历史揭示了兴盛衰亡的原因，施行仁义向来是治国安邦的法宝。

【解读】

龟鉴：又称龟镜、龟纹镜，古人认为龟可以卜吉凶，镜可以照美丑，因此含借鉴之意。全诗为："河山百二西南抱，终南山色开堂奥。西周沣镐陷成尘，秦得咸阳廓新造。当时一剑扫六雄，焱弃图书绝鬼讨。鞭笞四海震匈奴，皇功帝德弥穹昊。传世从兹亿万年，国祚何烦子孙保。沙丘一夕鲍鱼腥，东海神仙竟香渺。中原逐鹿莽狐蛇，孺子堪怜出轵道。咸阳宫殿久榛芜，岂待今时迹如扫。千秋龟鉴木兴云，仁义从来为国宝。"张映斗到访咸阳，参观秦代宫殿遗址，不禁想到秦朝兴亡的历史，写下《咸阳》一诗。诗中称赞秦始皇统一六国、抵抗匈奴的丰功伟绩，也指出了他焚书坑儒、大兴土木的重大过错。张映斗有感于贾谊在《过秦论》中提出的"仁义不施而攻守之势异也"的观点，发出"千秋龟鉴示兴亡，仁义从来为国宝"的感慨。这是全诗最后两句，也是结论性的点睛之笔。

【现实意义】

德法合治　善政兴邦

"隆礼重法""阳为德，阴为刑""制礼以崇敬，立刑以明威"……传统治国安邦思想博大精深、源远流长，积淀着深沉的精神智慧，为中华民族的生生不息和发展壮大提供了丰厚滋养。

长期以来，特别是党的十一届三中全会以来，我们党注重汲取优秀传统治国理政思想的营养，始终坚持以德治国和依法治国相结合，不断深化对执政规律、社会主义建设规律、人类社会发展规律的认识，中国特色社会主义事业取得举世瞩目的成就。正如邓小平同志所说："民主和法制，这两个方面都应该加强，过去我们都不足。要加强民主就要加强法制。没有广泛的民主是不行的，没有健全的法制也是不行的。""民主要坚持下去，法制要坚持下去。这好像两只手，任何一只手削弱都不行。"

党的十八大以来，以习近平同志为核心的党中央围绕治理一个什么样的国家、怎样治理国家这一根本问题，提出了当代中国的治国理政思想。党的十八届四中全会明确将依法治国和以德治国相结合作为建设社会主义法治国家必须坚持的原则，强调"国家和社会治理需要法律和道德共同发挥作用。必须坚持一手抓法治、一手抓德治"。这是对古今中外治国经验的深刻总结，也是坚持走中国特色社会主义法治道路的内在要求。法治以德治为基础，德治又需要法治作保障，两者缺一不可，犹如车之两轮、鸟之双翼，不可偏废。坚持法治和德治两手抓、两手都要硬，是关系中国特色社会主义事业长远发展的根本大计。

法安天下，德润人心。建设中国特色社会主义法治体系，建设社会主义法治国家，必须坚持依法治国和以德治国相结合。一方面，坚持以法治体现道德理念，强化法律对道德建设的促进作用。要注重把一些基本道德规范转化为法律规范，使法律法规充满人文关怀，同时对那些伤风败俗的丑恶行为、激起公愤的缺德现象，运用法治手段进行治理，让败德违法者付出高昂代价，发挥法律对整个社会的警示教育作用，为道德建设"保驾护航"。另一方面，坚持以道德滋养法治精神，强化道德对法治文化的支撑作用。要注重发挥道德的教化作用，加强公民道德建设，弘扬社会主义先进思想道德，把社会主义核心价值观贯彻到法治建设全过程，并加强对法律的道德效果评估，在法律法规的制定修改中充分考虑道德因素和道德风险，对有违道德要求的法律法规及时废止或修订，增强法治的道德底蕴，使中国特色社会主义法治体系更加彰显道德的力量。

在总结党的十八大以来治国理政成功经验的基础上，党中央把握时代大势，回应实践要求，把依法治国和以德治国紧密结合起来，团结带领全党全国各族人民同心协力、苦干实干，统筹推进"五位一体"总体布局和协调推进"四个全面"战略布局，推动全面深化改革、供给侧结构性改革、国防和军队改革迈出重大步伐，党和国家各项工作交出顺应党心民心的满意答卷，彰显了立足中国实际、破解中国难题的大智慧，是我们党治国理政方略与时俱进的新创造。

法律是成文的道德，道德是内心的法律。只要持续推行依法治国和以德治国共同发力、相互促进的善政，让法治的阳光普照，让德治的清风吹拂，实现法律和道德相辅相成、法治和德治相得益彰，国家治理体系和治理能力现代化水平就会不断提高，中国特色社会主义伟大事业就会绽放更加璀璨夺目的光芒！

二、公义：私义行则乱，公义行则治

【原文】

以公灭私，民其允怀。

——（上古时代）《尚书·周官》

【释义】

为官者用公心铲除私心，老百姓就会心服口服。

【解读】

周武王姬发因病去世后，他的儿子姬诵继位，是为周成王，由他的弟弟姬旦辅政。姬诵继承武王遗志，对内"以公灭私"、刚柔相济，推行以德慎罚的主张，大封诸侯，并营造东都洛邑，便利了对各诸侯国的统辖；对外命周公姬旦东征平叛，灭薄姑、奄和淮夷，将东部疆域扩展至海边。姬诵既重视安抚巡视侯服、甸服等诸侯邦国，也不忘四方征讨不来朝见他的诸侯，以安定天下。最终，诸侯各国都非常尊崇和顺服他。有一次，周成王从外地回到王都，在督导整顿官吏时作了大篇幅讲话，申明重视公权、弱化私权的思想，"以公灭私，民其允怀"就出自其中。周成王和群臣一起总结周朝建立以来行王义、兴王业的经验，勉励大家"功崇惟志，业广惟勤"，并向群臣说明设官、分职、用人的法则，告诫他们要存公心灭私心、重公利除私利，才能赢得百姓的信赖和拥护。司马迁在《史记·周本纪》中说："成康之际，天下安宁，刑错四十余年而不用。"姬诵及其儿子周康王姬钊缔造了中国历史上第一个盛世，被后人誉为"成康之治"。

【原文】

知常容，容乃公，公乃全，全乃天，天乃道，道乃久，没身不殆。

——（春秋）李耳：《老子》

【释义】

认识常道就包容一切，包容一切就公正无私，公正无私就周全，周全就符合自然，符合自然就符合"道"，符合"道"就长久，就终生没有生命危险。

【解读】

“无为而治”思想要求依道治国，把“道”作为治国的理论依据和指导思想。老子认为，公平正义、包容一切，是“道”的品质；为政者应做到客观公正、一视同仁；对于社会上不公正的现象，要“挫其锐，解其纷，和其光，同其尘”；对待百姓，应“不可得而亲、不可得而疏，不可得而利、不可得而害，不可得而贵、不可得而贱”，要像“天之道”那样“损有余而补不足”。老子说：“能辅万物之自然而弗能为。”此句中，“万物”可以理解为“万民”之意，“为”指的是违逆人民意愿的强行宰制或对民众事务的不必要干预。老子主张依据民众的自然本性和愿望要求加以引导，不能横加干涉或越俎代庖。汉初、唐初把以依道治国作为执政思想，均取得显著成效，出现了“文景之治”和“贞观之治”那样国泰民安的局面。

【原文】

不患寡而患不均，不患贫而患不安。

—— （春秋）孔丘：《论语·季氏》

【释义】

不担忧财富少而担忧分配不均匀，不担忧人民贫困而担忧社会不安定。

【解读】

在儒家等级观念的影响下，传统社会呈现出一种讲究上下、亲疏、远近的差序格局。但是，这并不代表儒家不主张社会公平正义，恰恰相反，"不患寡而患不均"的思想对后世影响很大，历来得到执政者的高度重视，在老百姓的头脑中也根深蒂固。普通民众对"朱门酒肉臭，路有冻死骨"的贫富悬殊现象深恶痛绝，认为如此"不均"比"寡"更不可饶恕。朱熹对"不患寡而患不均，不患贫而患不安"的解释是："均，谓各得其分；安，谓上下相安。"以此说明，孔子提倡的"均"是"各得其分"，是每个人在公正分配制度下获取应得的份额，而不是简单的平均、绝对的平均，也不是所有人都拿一样多的平均主义，更不是吃大锅饭。

【原文】

有能则举之，无能则下之。举公义，辟私怨，此若言之谓也。

—— （春秋末战国初）墨翟：《墨子·尚贤上》

【释义】

有能力的就举用，没有能力的就罢黜。举荐人员要公平正义，避免私人恩怨的干扰，说的就是这个意思。

【解读】

辟：同"避"，避免，回避。春秋战国时期，实行"亲亲尊尊"的宗法等级制度，下层人很少有参政机会。墨子出身于农民家庭，少年时代当过牧童，做过木工，并接受了一定的文化教育，曾担任宋国大夫。他同情"农与工肆之人"，提出"官无常贵而民无常贱"的平等观。他坚持尚贤思想，主张打破贵族对官职的垄断，只要是有学识、有品德的人，就应不分贵贱、亲疏和远近而加以任用，使其获得相应的社会地位与物质财富。他认为，"义"以"天志"为准则，"天"不辨贫富、贵贱、遐迩和亲疏；一个人如果有贤德和能力，就应该被推举任用，否则就"抑而废之"。墨子提倡公平公正公开的用人观，呼吁统治者对德才兼备的人要心怀公义，"尚贤而任使能，不党父兄，不偏富贵，不嬖颜色"，应从下层群众中选拔"兼士"或"贤良之士"来治理国家，发出反对任人唯亲、倡导任人唯贤的呼声。

【原文】

故公私之交，存亡之本也。

——（战国）商鞅：《商君书·修权》

【释义】

所以能否分清公义和私义的界限，是涉及国家生存还是灭亡的根本问题。

【解读】

商鞅本是魏国相国公叔痤的侍从，听说秦国广招贤才，便去投奔秦孝公嬴渠梁并得到赏识，主持变法，秉公用权，不徇私情，使秦国在短短十几年里强大起来。商鞅在总结上古以来成功经验的基础上指出，尧舜时期，天下之所以稳定，是因为他们"非私天下之利也，为天下位天下也"；"三王五霸"之所以取得成功，是因为他们"非私天下之利也，为天下治天下"。与此同时，他分析了当时战争频繁、天下大乱的原因，主要是由于君臣"擅一国之利而管一官之重，以便其私"。由此，商鞅得出"公私之交，存亡之本"的结论，把公私观提升到关系江山社稷前途命运的高度，强调君主务必"任法去私"，把人民利益和国家利益放在心中最高位置。西汉刘向在《新序》中这样评价商鞅的功绩："夫商君极身无二虑，尽公不顾私，使民内急耕织之业以富国，外重战伐之赏以劝戎士。法令必行，内不私贵宠，外不偏疏远。是以令行而禁止，法出而奸息。"

【原文】

公生明，偏生暗。

——（战国）荀况：《荀子·不苟》

【释义】

公正就光明磊落，偏私就隐晦阴暗。

【解读】

此句所在的全文为："公生明，偏生暗，端悫生通，诈伪生塞，诚信生神，夸诞生惑。"意思是说，公平产生光明，偏私产生暗昧，诚实忠厚产生通达，欺诈虚伪产生障碍，真诚可信产生神明，虚夸妄诞产生惑乱。崇公抑私是中华文化的主流价值取向，"公生明，偏生暗"是这一导向的生动体现。与荀子一样，历朝思想家几乎众口一词地推重公义而批判私义，认为公私之异是区分圣王和暴君、"君子"和"小人"的标准。河南内乡县衙始建于元成宗大德八年（1304），有"天下第一衙"之称，至今保存完好。在内乡县衙大堂前，矗立着一座三门四柱的石质牌坊，即为官箴建筑戒石铭，也就是戒石坊。这个戒石坊坊面刻有官场箴规，南刻"公生明"三个大字，北刻"尔俸尔禄，民膏民脂，下民易虐，上天难欺"铭文，以警戒官吏秉公办事，若徇私枉法，天理不容。

【原文】

故公平者，职之衡也；中和者，听之绳也。

——（战国）荀况：《荀子·王制》

【释义】

所以公正清平，是处理政治事务的准则；宽严适中，是处理政事的准绳。

【解读】

衡：秤杆，代指秤，引申为辨别是非善恶的标准。听：执法断案，处理政事。绳：木工用的墨线，引申为判断事物的准则。对于这两句话，杨倞注道："君子用公平中和之道，故能百事无过，中和，谓宽猛得中也。"荀子紧接着这两句话分析道："有法者，以法行；无法者，以类举。"意为，如果制度规范已经建立，那就按制度规范办；如果制度规范尚未制定，那就按"类"的原则来办。类，即正义。荀子从性恶论的基点出发，强调"礼义法度"的制度性他律，突出了公义、公道与私念、私欲的对立性。古代思想家多以度量衡器比喻法律的客观公正，并作为"致中和"的考量标准。比如，管子说："尺寸也，绳墨也，规矩也，衡石也，斗斛也，角量也，谓之法。""致中和"是法治建设追求的目标，是中华传统法文化的瑰宝。

【原文】

昔先圣王之治天下也，必先公。公则天下平矣。平得于公。

——（战国）《吕氏春秋·贵公》

【释义】

从前圣明之王治理天下，一定把公正放在首位。公正就会天下太平。天下太平源自公正。

【解读】

《贵公》篇列举管仲没有向齐桓公推荐自己的至交鲍叔牙任宰相的事例，来证明"贵公"的重要性，认为理想中的执政者应以天下为己任、以公平为准则。这段话的主张可以简单概括为"公天下"，意在表明，"公"的含义是行政时以国家和人民的利益为念，在履行公职的过程中排除一切私心；如果统治者没有朋党、没有偏私，治理天下的道路就是正直通畅的。"公则天下平"和"平得于公"，是从历史的经验和教训中总结出来的金科玉律。在这段话的后面，《吕氏春秋》接着说："尝试观于上志，有得天下者众矣，其得之以公，其失之必以偏。"意思是说，曾经试着察阅一下古代典籍，赢得天下的人很多，他们赢得天下是凭借公正，他们丧失天下必定是因为偏私。

【原文】

天下非一人之天下也，天下之天下也。

——（战国）《吕氏春秋·贵公》

【释义】

天下不是一个人的天下，而是天下人的天下。

【解读】

《吕氏春秋》认为，公平公正是自然界的普遍规律，从天子到各级官员都应效法自然界。《吕氏春秋·去私》："天无私覆也，地无私载也，日月无私烛也，四时无私行也。行其德而万物得遂长焉。"《吕氏春秋·贵公》："阴阳之和，不长一类；甘露时雨，不私一物；万民之主，不阿一人。"也就是说，天、地、日、月等物质世界在运行过程中，无一例外地滋养着地球上的万物，体现了公正无私的特点；统治者不能把天下据为己有，而应学习和弘扬天地日月的无私品格，真正做到洁己从公、大公至正。《吕氏春秋》专设《贵公》篇和《去私》篇，主张为官者应贵公去私、大公无私，对后世公私观和义利观产生了深远影响。

【原文】

私义行则乱，公义行则治，故公私有分。

————（战国）韩非：《韩非子·饰邪》

【释义】

自私自利之风盛行，国家就会大乱，公平正义之风盛行，国家就会大治，所以公义和私义是有区别的。

【解读】

韩非分析了公义与私义在社会上大行其道分别导致的后果，得出"公私有分"的结论。他认为，"私利立而公利灭"，"为公者必利，不为公者必害"；治国必须"立法废私"，"明于公私之分，明法制，去私恩"；公而忘私、先公后私，是"人主之公义"；法律的目的和作用在于通过制约和禁止人们的私心、私欲和私利，达到维护公利的目的；法治能最大限度地遏制人们的私心杂念，惩罚损人利己、违反正义的行为。《韩非子·外储说左下》中有一则"私怨不入公门"的故事。春秋时期，晋大夫解狐与晋国正卿赵简子是好朋友，赵简子请解狐推荐国相，解狐便举荐仇人刑伯柳为相。刑伯柳以为解狐消除了对自己的仇怨，便前去拜谢。解狐一见到刑伯柳，就张弓搭箭对着刑伯柳射去，箭擦着刑伯柳的耳根飞走了。解狐说："我举荐你是为了公义，觉得你能胜任；和你有仇，是我俩的私怨。我不能因为与你有私仇，就不让君主了解你任用你。这就叫做'私怨不入公门'。"后来，刑伯柳把赵简子的领地治理得井井有条。

【原文】

商君治秦，法令至行，公平无私，罚不讳强大，赏不私亲近，法及太子，黥劓其傅。

—— （西汉）《战国策·秦策一》

【释义】

商鞅治理秦国，法令一到就要执行，办事公平、没有私心，惩罚不避讳威势强大的人，奖赏不偏私亲密近信的人，法令施行到太子，太子的师傅犯法也处以黥劓之刑。

【解读】

黥（qíng）：在脸部刺上记号或文字并涂上墨，古代用作刑罚，后来也施于士兵，以防逃跑。劓（yì）：古代割掉鼻子的酷刑。东周显王十三年（前356）、显王十九年（前350），商鞅在秦孝公嬴渠梁的支持下，先后两次实行以"废井田，开阡陌，实行郡县制，奖励耕织和战斗，实行连坐之法"为主要内容的变法。商鞅变法成功的关键就在于"法令至行，公平无私"。当时，以太子的师傅公子虔、公孙贾为首的一批旧贵族，公然扰乱新法并唆使太子犯法。于是，商鞅把公子虔、公孙贾判了罪，在公孙贾的脸上施以黥刑。第二次新法公布后，旧贵族出来捣乱，商鞅把为首的祝懂杀掉，把屡教不改的公子虔施以劓刑。商鞅变法废除了"礼不下庶民，刑不上大夫"的古制，人们看到连太子的老师都逃脱不了法律制裁，便不敢抱有违法的侥幸心理。紧接着这段话，《战国策》记录了商鞅变法的效果："期年之后，道不拾遗，民不妄取。"也就是说，一年之后，没人拾取别人丢失在路上的东西，老百姓不敢谋取非分财物。商鞅在强化制度约束中努力破除上层特权，开创了法律面前人人平等、执法公正严明的新局面。

【原文】

大道之行也，天下为公。

——（西汉）《礼记·礼运》

【释义】

大道实行的时代，天下是公共的。

【解读】

有一次，孔子参加完蜡祭仪式，出来后"喟然而叹"，弟子子游问老师为什么叹气，孔子便论述了礼的起源、运行和作用，反映了儒家思想的政治观和历史观。"大道之行也，天下为公"这一段，详细描绘了"天下大同"的政治理想。几千年来，天下为公和大同社会一直是中华民族孜孜以求的理想目标。"公天下"思想寄托了古人关于国家观和政体观的美好政治理想，与现代民主理念极为相通，直接启发了中国近代民主启蒙思潮。康有为、孙中山等人将此作为追求，并以之号召和鼓舞人民群众。孙中山在孔子思想的基础上提出"大同世界"的构想，将其作为"三民主义"中"民权"的核心要义，决心把华夏各民族集合成"中华一族"，以实现中华民族的大统一和大团结。孙中山多次手书"天下为公"四字赠人。

【原文】

公正无私，一言而万民齐。

——（西汉）《淮南子·修务训》

【释义】

如果主持公平正义、不怀私心，说一句话就能使千万民众齐声拥护。

【解读】

《淮南子·主术训》说："法生于义，义生于众适，众适合于人心，此治之要也。"意思是说，法律产生于公平正义，公平正义产生于民众需求，民众需求符合人心，这是国家治理的要义。《淮南子》提出"处静持中"的主张。处静，是指内心保持虚静状态，不受私欲影响；持中，是指把握平衡、追求公正的愿望。《淮南子·主术训》还说："不偏一曲，不党一事，是以中立而遍运照海内。群臣公正，莫敢为邪。"从以上这些论述和观点可以看出，《淮南子》认为，公正无私是一种至关重要的政治道德和政治品质，也是对执政者和司法者的基本要求；只要始终坚持"公正无私"和"处静持中"，就会受到群众的爱戴，达到"一言而万民齐"的效果。

【原文】

为人臣者，主耳忘身，国耳忘家，公耳忘私，利不苟就，害不苟去，唯义所在。

——（东汉）班固：《汉书·贾谊传》

【释义】

作为臣子的，为了君主就要忘了自身，为了国家就要忘记小家，为了公事就要忘记私事，对自己有利的不马上得到，对自己有害的不马上摆脱，唯一要做的就是遵循正义的标准。

【解读】

这段话是贾谊给汉文帝刘恒所进奏章中的一段话，阐明自己的公私观和利害观，指出"为人臣者"之所以能做到"主耳忘身，国耳忘家，公耳忘私，利不苟就，害不苟去"，是因为心里牢记区分公和私、利和害的标准，这个标准就是"义"。实际上，这也是贾谊表明自己愿意为君主、为国家、为正义而牺牲一切的决心。西汉文帝六年（前174），刘恒征召二十一岁的贾谊，委以博士之职。每逢刘恒出题讨论，贾谊应答如流、观点精辟，得到刘恒的赞赏和破格提拔。刘恒多次向他征求治国方略，贾谊也多次上疏陈说政事，针对社会问题发表自己的见解。东汉班固将贾谊这些上疏的要点汇集在一起，即为《治安策》。《治安策》开篇就说："臣窃惟事势，可为痛苦者一，可为流涕者二，可为长太息者六。"然后，贾谊驳斥"天下已安已治"的观点，论及当时存在的社会问题和种种矛盾，针对性地阐述了自己的治国主张。

【原文】

治天下者当用天下之心为心，不得自专快意而已也。

——（东汉）班固：《汉书·王贡两龚鲍传》

【释义】

治理天下的人应当把天下人的心愿作为自己的心

愿，不能独断专行而只顾一时快活。

【解读】

西汉晚期，外戚专权致使朝纲不振，豪强兼并土地，百姓困苦不堪，社会矛盾空前激化。谏大夫鲍宣对这种局面很忧虑，便谏诤直言，抨击时政。他向汉哀帝刘欣上书，分别列举老百姓的"七亡七死"，然后得出结论："民有七亡而无一得，欲望国安，诚难；民有七死而无一生，欲望刑措，诚难。"鲍宣建议汉哀帝想人民之所想，着力解决朝廷和社会的弊病。他的上书虽然没起到多大作用，其"尽死节"而仗义执言的勇气与精神却弥足珍贵。"用天下之心为心"的观点充满强烈的民主色彩，对后世乃至当今都具有重要的指导意义和借鉴作用。

【原文】

有公心必有公道，有公道必有公制。

——（西晋）傅玄：《傅子·通志》

【释义】

有公正之心就有公正的准则，有公正的准则就有公正的制度。

【解读】

傅玄以儒为本，儒法兼济，在西晋政坛上以关切时政、直言敢谏而著称。傅玄主张"三公"，认为"三公"是治国理政不可缺少的三个方面。"公心"是基础和根本，体现的是秉公办事、不谋私利的情怀；"公道"是行为准则，即公平、公正、公开的原则；"公制"是对私欲的制度性约束，用来保证"公心"和"公道"得以实现。出于"公心"，才能制定出"公制"；遵照"公道"，"公制"才能落地生根。傅玄倡导明制定典，目的在于清除三国鼎立时期制度不一而遗留下来的乱象，重建封建统治秩序，保证一切活动有条不紊地按照西晋政权需要进行。当然，建立健全各项"公制"，能促使一切有章可循，有利于维护社会公共秩序，无疑是久经战乱的人民的期盼。

【原文】

唯公然后可正天下。

——（西晋）傅玄：《傅子·问政》

【释义】

唯有大公无私，然后可以匡正天下。

【解读】

为了得出"唯公然后可正天下"的结论，傅玄进行了充分论证："政在去私，私不去，则公道亡；公道亡，则礼教无所立；礼教无所立，则刑赏不用情。而下从之者，未之有也。夫去私者，所以立公道也。"意思是说，为政者重在去除私欲，私欲不去除，公道就会消亡；公道消亡，礼义教化就无处立足；礼义教化无处立足，刑罚赏赐就不会融入感情。这样一来，要想下位的人服从上位的人，从来也不曾有过。去除私心，就要树立公正之心。傅玄认为，唯有"立公"，才能"去私"；要想真正实现公平正义，就应用儒家思想来修身立德；统治阶层坚持"正心"和"正德"，就会在行政管理和司法实践中做到秉公无私、刑赏合理。

【原文】

理国要道，在于公平正直。

——（唐）吴兢：《贞观政要·论公平》

【释义】

治理国家的重要方法，在于公道、清平、正大、刚直。

【解读】

此语源自唐太宗李世民与宰相房玄龄的一段对话。贞观良相房玄龄引用经典文献和古代圣贤之言，提出"理国要道，在于公平正直"的论断，并赞扬李世民施行的政策直达政治教化的真谛，深谙大公无私要旨，令黎民百姓心悦诚服。隋末天下大乱，房玄龄投奔秦王李世民。李世民每平定一地，很多人争着求取爵位和财利，房玄龄却不贪名爱利，而是忙着为李世民四处搜罗足智多谋的文官和骁勇善战的武将。唐高宗武德九年（626），房玄龄参与策划"玄武门之变"，帮助李世民谋得帝王之位，李世民称其有"筹谋帷幄，定社稷之功"。房玄龄明达吏事，法令宽平，任人惟贤，尽心竭诚，是唐初股肱之臣。房玄龄死后，李世民废朝三日。唐太宗贞观十七年（643），李世民为怀念当初一同打天下的开国元勋，命阎立本在凌烟阁内绘制二十四位功臣的图像，房玄龄位列第五。

【原文】

一心可以丧邦，一心可以兴邦，只在公私之间尔。

——（北宋）程颢、程颐：《二程遗书》

【释义】

一种心可以让国家灭亡，一种心可以让国家兴盛，只在于公义和私义之间的差别罢了。

【解读】

《二程集》是程氏兄弟一生传道讲学言论的结集。二人师从宋朝儒家理学思想的开山鼻祖周敦颐，同为北宋理学的奠基者，世称"二程"。"二程"是河南洛阳人，后人将其创立的学说称为"洛学"。《论语·子路》说的是鲁国的仲弓做了季氏家臣，向孔子请教怎样管理政事。仲弓问："怎样发现和选拔贤才呢？"孔子说："选拔你所知道的贤才，至于你不知道的，别人难道还会埋没他们吗？"对此，"二程"作了如下评语："推此义，则一心可以丧邦，一心可以兴邦，只在公私之间尔。""二程"的理欲观、公私观与义利观有着根本的联系。程颐说："义利云者，公与私之异也。"在"二程"看来，当政者是否具有公心，关系到国家兴衰存亡；坚持"用心以公"和"将公字思量"，就会促使国家强盛；没有公心，"用私意为之"，就会导致国家危亡。

【原文】

官无大小，凡事只是一个公字。

——（南宋）朱熹：《朱子语类》

【释义】

官职无论大小，所有的事情只落在一个"公"字上。

【解读】

为了论证这个观点，朱熹接着说："若公时，做得来也精彩，便若官小，人也望风畏服；若不公，便是宰相，做来做去，也只得个没下梢。"这就是说，小官秉公从政，办事"精彩"，"广大无私意"，也会让百姓敬服；如果官员一心亏法利私，即使身居要职，也会遭人唾弃，最终落得晚节不保的下场。朱子提倡从政者要树立正确的公私观，争做"君子"，不当"小人"。他向门人阐述"好善恶恶皆出于公"的道理，还进一步说："用一善人于国，则一国享其治；用一善人于天下，则天下享其治。"他在解释"公"与"私"时说："将天下正大底道理去处置事，便公；以自家私意去处之，便私。"朱熹认为，"公"是以天理为准则的处世态度，"私"则是仅凭一己之私心待人接物；"义"为天理之所宜，"义"便是"公"；"利"为人欲之所系，"利"便是"私"。他说："仁义根于人心之固有，天理之公也。利心生于物我之相形，人欲之私也。"朱熹所说的"存天理，灭人欲"，也就是以公心灭私欲，亦即以义制利、重义轻利。

【原文】

居官守职以公正为先，公则不为私所惑，正则不为邪所媚。

——（明）汪天赐：《官箴集要》

【释义】

身居官位、履行职责，应该把公平正义摆在前面，公平就不会被私利所迷惑，正义就不会被奸邪所诱媚。

【解读】

官箴：古代规劝告诫为官从政的语录。《官箴集要》是仁和教谕汪天赐奉侍御张维之命编辑而成，以仁义礼乐为本，辑录诸多历史人物的佳言善行，既有经国济世的学问，又有为官做人的智慧。这句话说的是掌权者必须树立"公"和"正"的权力观，才能在施政过程中抵挡住各种利欲的诱惑。公，是指秉公用权，不为私欲所左右；正，是指作风正派，坚守廉洁清明的底线。为官者应安存权为民赋的敬畏之心，划清公平与偏私、正义与邪恶的分界线，不搞权力寻租、权钱勾结和权色交易，使权力在阳光下运行。用权为公还是为私，向来是区别当公仆与做老爷的分水岭，也是检验清官与赃官的试金石。

【原文】

以至公无私之心，行正大光明之事。

——（明）吕坤：《呻吟语·应务》

【释义】

以最公正、不徇私的心，做正直大气、磊落阳光的事。

【解读】

吕坤曾在山东、山西、陕西等多地任职，为官清正廉明，"至公无私"。对于官场上"不念民生，奔走世态"的腐败现象，吕坤强调为官者应"以伊尹之志为己任，以社稷苍生为己责"，"视官事如家事，体民心以己心"，并提出一系列具体措施，来矫正当时吏治中存在的种种积弊。他认为，衙门是秉公持正、矢心天日之地，吏治腐败的关键病根在于"私"和"伪"两个字；官场上下到处蔑视法纪、相互攀附，"借得为之势"，"结大小之欢"，各谋私利，是"私"；不关心民瘼，只知道"弥逢搪塞"、互相欺蒙，把一生精力用在"应酬世态，绸缪身家"上，是"伪"。吕坤在担任山西省襄垣知县时，境内漳河堤防多年失修，常常决口冲毁庐舍，淤没田禾无数。他便设立河仓储存粮食，又修筑和加固河堤，消除了水患，百姓感激不尽。第二年，吕坤被调往大同。在他即将离开襄垣赴任大同的时候，大雪纷飞，道路泥泞，数百名乡亲从四面八方来到县衙，与吕坤依依话别，并在郊外摆酒饯行，数千名村民沿路相送，有的伏地痛哭，有的以头顶香料的隆重仪式相送，妇女号哭失声，小儿在道旁磕头不止，乐人演奏时因哽咽而不能成曲。

明末清初的李颙称吕坤"视县事若家事，视民产若己产"。吕坤与沈鲤、郭正域一起，被誉为明朝万历年间"天下三大贤"。

【原文】

一姓之兴亡，私也；而生民之生死，公也。

——（明末清初）王夫之：《读通鉴论》

【释义】

天子一家的生死，是私义；而老百姓的生死，是公义。

【解读】

王夫之反对"家天下"，提倡"公天下"，并从君主与土地的关系入手，否定君主对土地占有的合法性和必然性。王夫之提出"不以天下私一人"的主张，即财富当散于天下，而不应聚于帝王，帝王聚财不仅无助于国力增强，而且会助长他们穷奢极欲的私心，加速国库钱财消耗，导致国力减弱。船山先生认为，这种"敛天下之口食，贮之无用之地"的"毒民"措施，恰恰是"不亡隋而不止"的原因。藏富于民的观点，是对"家天下"思想的有力否定。在天子与天下的关系上，王夫之阐述"一姓之私"与"天下大公"的区别，强调天下为公而君为私，君主应循公废私，具有一定的社会启蒙意义。王夫之承认君主在平治天下中的作用，仍然把理想政治的实现寄托在圣王身上，主张尊崇尽职尽责的明君，对于那些祸国殃民的昏君，则坚决主张易之。

【现实意义】

共享发展让公平正义的阳光普照

一部人类社会发展史，就是一部争取公平正义的奋斗史。古哲先贤对此进行了深邃而漫长的思考和探索，形成了丰富多彩的公平正义观。公，与"正""平"和"均"的字义相通。儒家认为"不患寡而患不均"，墨家主张"举公义，辟私怨"，法家强调"公平无私"，道家提出"以正治国"，理学家指出"用以公心"。中华民族的先民前仆后继地反抗腐朽王朝和落后社会制度，其力量之源就在于对公平正义的向往。

中国共产党从诞生之日起，就以追求和实现公平正义为己任。老一辈无产阶级革命前辈以大公无私的精神和行动，赢得了人民群众的拥戴。毛泽东同志为自己定下三条原则："恋亲，但不为亲徇私；念旧，但不为旧谋利；济亲，但不以公济私。"周恩来同志在南开大学视察，对于一角一分钱的午餐，也再三坚持自己付账。刘少奇同志在海南岛疗养，坚决拒绝工作人员用公款给他订做的生日蛋糕。朱德同志到秦皇岛贝壳雕刻厂视察，工人们选了一幅《山峡夜航》贝雕画送给他以表敬意，悄悄地放在警卫员的车座下。后来，警卫员发现了这幅贝雕，便交给他，他毫不犹豫地说："送回去，老规矩。"沈阳解放初期，陈云同志要求接管后的一切财物和家具都要留在原处。当警卫员私自把宾馆床上的沙发垫拆下铺到他的床上，他发火了："我下的命令，自己不执行，叫谁执行？我二十多年的党龄了，怎么能带这样的头呢？"

共享是全心全意为人民服务根本宗旨的本质要求。党的十八大以来，以习近平同志为核心的党中央不忘初心，高举正义之旗，提出关于促进和实现社会公平正义的一系列新思想、新论断和新要求。党的十八届五中全会明确提出："坚持共享发展，必须坚持发展为了人民、发展依靠人民、发展成果由人民共享，作出更有效的制度安排，使全体人民在共建共享发展中有更多获得感。"

"天地之大，黎元为先。"坚持共享发展、维护社会公平正义，首先要突出人民的主体地位。全面小康，是惠及全体人民的小康，绝不能出现"富者累巨万，而贫者食糟糠"的现象。当务之急，就是要打赢脱贫攻坚战，把7000多万农村贫困人口脱贫作为全面建成小康社会的基本标志。对于1800万低保人口、1.3亿多65岁以上的老年人、2亿多农民工、上千万在特大城市就业的大学毕业生、900多万失业人员等特定人群，要针对他们面临的困难，以更大的决心、更明确的思路、更精准的举措，众志成城实现脱贫攻坚目标，使发展成果更多更公平惠及全体人民。

坚持共享发展、维护社会公平正义，就必须实现更高质量的经济发展。要紧紧抓住经济建设这个中心，发挥市场在资源配置中的决定性作用，加快转变经济发展方式，为促进社会公平正义奠定坚实的物质基础；深化经济、政治、文化、社会、生态文明体制改革，促进公平与效率相统一，充分释放发展内在活力；坚持社会主义基本经济制度和分配制度，逐渐形成橄榄型分配格局，完善以税收、社会保障、转移支付等为主要手段的再分配调节机制，解决好收入差距问题，把不断做大的"蛋糕"分好。司法机关作为维护社会公平正义的最后一道防线，要肩扛公正天平，秉公办案、严格执法，让人民群众切实感受到公平正义的力量。

习近平总书记指出："人民对美好生活的向往，就是我们的奋斗目标。"如果把全面小康比作一幅壮美画卷，民生就是其中最厚重的底色，共享就是其中最温暖的主题。只要我们发扬钉钉子精神，拿出"一件事情接着一件事情办，一年接着一年干，一任接着一任做"的韧劲，构筑社会公平正义的"金字塔"，就一定能大步迈向全面小康，把人民幸福深深镌刻在民族复兴的里程碑上！

三、廉义：不义而富且贵，于我如浮云

【原文】

水一则人心正，水清则民心易。人心正则欲不污，民心易则行无邪。

——（春秋）管仲：《管子·水地》

【释义】

像水那样纯一无滓，人们的思想就会端正；像水那样清澈干净，民众的心灵就会平易。人们的思想端正，欲望就不会污浊；民众的心灵平易，行为就不会邪恶。

【解读】

管仲把"廉"视作治国"四维"之一，认为廉洁奉公是为官从政的重要原则。管仲提倡清廉政治，与他以清正纯洁为美的理念有关。他喜欢水和玉，认为不管是水的"淖弱以清"和"至平而止"，还是玉的"廉而不刿"和"鲜而不垢"，两者都具有清润、纯洁的共同美质；这种美质和人的品行联系起来，就表现为民众的心灵像水一样清澈见底，不会萌发邪恶念头；这种美质和执政理念联系起来，就表现为官吏的清廉像玉一样洁白无瑕，不会出现贪赃枉法现象。管仲一生清正廉洁，选人用人出于公心。有一次，他从鲁国被押解回齐国。路过边境的时候，一个小官恭敬地献上酒食后向管仲索要官位。管仲问他有什么特长，他说没有，管仲呵斥道："我将来如果能做官，也是为国求才，像你这种投机钻营之人，我一定不会用你！"

【原文】

其行水也。美哉水乎清清！其浊无不雩途，其清无不洒除也。是以长久也。

——（春秋）《晏子春秋·内篇问下》

【释义】

政治要像水一样运行。多么美啊，水如此清纯！如果水是浑浊的，就会把流过的地方全部污染；如果水是清纯的，就会把污浊的东西全部清除。这么做，政权就会长久地运行。

【解读】

雩（yú）：原为古代求雨的祭礼，此处同"污"。春秋时期，晏婴辅佐齐灵公、齐庄公、齐景公三朝，历时四十余年，从不接受礼物，大到赏邑、住房，小到车马、衣物，都一一辞绝。有一次，齐景公问晏婴："廉政而长久，其行何也？"意思是，要想做到政治廉洁而长久运行，他的行为应该是什么样子？晏子以上面这段话作答，这是历史上对"廉政"一词的最早理解。晏婴晚年退休，请求齐景公把自己为相的食邑俸禄交还国家，齐景公不答应，说："从先君到现在，齐国大夫中从来没有年老了就归还食邑俸禄的人。您这样做有违国家法规，万万不可呀！"晏婴说："道德淳厚就接受俸禄，道德微薄就归还俸禄。这样做，既彰明君主的声誉，也是为了促进所有官员的廉洁。我年老体衰，不能像壮年时那样为国家效力。如果仍然享受为相时的丰厚待遇，就是掩盖君主的贤明而纵容下边的官员贪婪啊！"最后，晏婴坚持交出了食邑。司马迁在《史记·管晏列传》中写道："假令晏子而在，余虽为之执鞭，所忻慕焉！"孔子对晏婴也赞赏有加："救民百姓而不夸，行补三君而不有，晏子果君子也！"

【原文】

　　廉者，政之本也，民之惠也；贪者，政之腐也，民之贼也。

　　　　　　——（春秋）《晏子春秋·内篇杂下》

【释义】

　　廉洁，是从政的根本，可以给民众带来实惠；贪污，是政治上的腐败，是民众的盗贼。

【解读】

晏婴最早提出"廉政"概念，倡导以廉治国，并以实际行动实现了"行廉不为苟得，道义不为苟合"的承诺。他辅佐齐国三公，为相多年，却一直过着朴素的生活。他穿的是粗布衣服，一件皮袄穿了三十年；吃的是糙米饭，正餐仅有一样肉食；住的房子低矮狭窄，靠近喧闹嘈杂的市场；乘坐的是劣马驾的破车。齐景公想将女儿许配给他，有人劝他另纳妾室，有个女子因报恩而愿以身相许，晏婴均婉言谢绝，仍与老妻相伴。晏婴的父亲贵为大夫，去世时却没得到厚葬，晏婴身穿粗麻丧服，头上腰间系着麻布带子，手拿竹杖，脚穿草鞋，住在草棚里，睡在草苫子上。有一次，齐景公登门造访，看到晏婴的简陋居所和粗茶淡饭，愧疚地说："您的家境如此贫穷，我先前不知道，这都是我的过错。"第二天，齐景公派人给晏婴送去钱和一件昂贵的狐皮袍子。往返三次，都被晏子拒绝。晏婴解释道："您平日给我的赏赐，足够我一家老小吃穿，还有多余的财物帮助亲戚朋友。您要额外赏给我大批钱物，如果我收下并拿去救济百姓，那是拿您的赏赐为我自己买好名声，廉洁的臣子不能如此行事；如果我把您赏赐的钱物收下并私自藏起来，就成了不仁不义的人，明智的臣子不会做这种愚蠢之事。因此，我无论如何都不能接受您的赏赐。"齐景公只好作罢。

【原文】

不义而富且贵，于我如浮云。

—— （春秋）孔丘：《论语·述而》

【释义】

通过不正义的手段而变得富裕和尊贵，对我来说如同飘浮的云彩一样。

【解读】

孔子认为，不正当的财富和官位好像天上飘动的云，忽聚忽散，来去无凭，这当然与我无关，不值得追求和拥有；与其贪恋不义之财，不如过着简单而快乐的生活。他说："饭疏食饮水，曲肱而枕之，乐亦在其中矣。"意思是，吃粗粮，喝冷水，弯着胳膊来做枕头，这样做我很快乐。当然，孔子并不是一味地反对发财和做官，而是强调升官发财需要通过正当的方法和途径。对孔子来说，权力与私利勾连在一起，产生的就是"浮云"般的财富。杜甫在《丹青引赠曹将军霸》中借用此意而稍加修改："丹青不知老将至，富贵于我如浮云。"《孟子·告子上》说："万钟则不辨礼义而受之，万钟于我何加焉！"孟子的这个论述与孔子的"不义而富且贵，于我如浮云"有异曲同工之妙。

【原文】

义然后取，人不厌其取。

——（春秋）孔丘：《论语·宪问》

【释义】

在符合正义标准的情况下获取财物，所以别人不厌恶他获取财物。

【解读】

这句话的前面还有两句："夫子时然后言，人不厌其言；乐然后笑，人不厌其笑。"意思是说，公叔文子在该说话的时候说话，所以别人不厌恶他说话；

快乐的时候开怀大笑，所以别人不厌恶他笑。公叔文子是卫国的贤达，名气很大。听说公叔文子的特点是"不言，不笑，不取"，孔子表示怀疑，便向卫国人公明贾打听。公明贾觉得这种看法有点过头，认为公叔文子的言行没有引起别人的讨厌，因为他举止得体，具有良好的品德修养。孔子通过这个事例表明，面对利益应抱有理性态度，做到有节有度，"义"就是这种节度的标准；为政者如果不遵守"义然后取"的原则，什么东西都拿，就会陷入腐败的泥潭，遭到人民厌弃和法律制裁。

【原文】

以听官府之六计，弊群吏之治：一曰廉善，二曰廉能，三曰廉敬，四曰廉正，五曰廉法，六曰廉辨。

——（战国）《周礼·天官冢宰》

【释义】

用评判官府的六项标准，来判断众多官吏的政绩：一是廉洁并且善于办事，二是廉洁并且能推行政令，三是廉洁并且勤勉敬业，四是廉洁并且公正无私，五是廉洁并且秉公执法，六是廉洁并且明辨是非。

【解读】

《周礼》又名《周官》，较为全面系统地记载了先秦时期的政治、经济、文化、风俗、礼法等制度，结构体大思精，内容磅礴恢宏，是儒家十三经之一，与《仪礼》、《礼记》合称"三礼"。古代君王为了维护和巩固统治地位，非常注重廉政制度建设，视"廉"为考核之要和执政之根。西周时期，国家职能逐步完备，有了这个考核官吏的"六廉"标准。从此以后，各个朝代都有一套考核官吏政绩、评判官吏清廉的制度。这段话的意思是说，应按照"六计"即六个方面的标准来考核官吏，"既断以六事，又以廉为本"；六项标准前均冠以"廉"字，可见廉义在官德中居于首位，是对为政者最基本最重要的道德要求；官吏不符合"六计"标准，就过不了政绩考核这一关，就没有立足之地和发展前途，甚至受到惩处。应该说，这是较为成熟的廉政制度设计。

【原文】

可以取，可以无取，取伤廉。

——（战国）孟轲：《孟子·离娄下》

【释义】

不清不白的东西，可以拿，也可以不拿，但拿了就会伤害廉洁。

【解读】

"亚圣"孟子强调，百姓为办事而馈送的钱物、下属为加官晋爵而"孝敬"的贿赂、官吏额外征收勒索的"常例"、官府设立的"养廉银"等，都是不能碰的"伤廉"之财。孟子学说以性善论为基础，其廉政思想主要体现在义利之辨上。类似的表述还有不少，比如《孟子·公孙丑下》："无处而馈之，是货之也。焉有君子而可以货取乎？"就是说，没有理由却送给我财物，这相当于是用财物来收买我。对于品行高洁的人来说，怎么可以拿财物收买得到呢？孟子认为，收入来源应合法合规、清清白白，时时处处划清公私之间的界限；如果不是自己劳动所得，就属于不义之财，就不能占为己有。值得注意的是，古代思想文化中的"廉"具有普遍性，不仅仅是限于对官吏的要求。

【原文】

临官莫如平，临财莫如廉。廉平之守，不可攻也。

——（西汉）刘向：《说苑·政理》

【释义】

处在官位上最重要的莫过于公平，面对财物最重要的莫过于廉洁。拥有廉洁公平的操守，就不会被腐蚀。

【解读】

这是刘向记载的孔子告诫弟子子贡的话，表明了孔子的廉政观。当然，孔子的廉政思想更多体现在《论语》中。《论语》用不少篇幅记述了孔子关于崇廉弃腐的观点，在本节前面已有录述。再如，《论语·里仁》："富与贵，是人之所欲也；不以其道得之，不处也。"《论语·尧曰》："君子惠而不费，劳而不怨，欲而不贪，泰而不骄，威而不猛。"孔子提倡清正廉洁的为官之道，自己不仅是这么说的，也是这么做的。他在短暂且断断续续的从政生涯中，无论担任什么官职、从事什么工作，都能做到公私分明、廉洁清明。在《论语·子罕》中，孔子的得意门生颜回赞叹孔子为"仰之弥高，钻之弥坚"。司马迁在《史记·孔子世家》中这样表示对孔子的钦慕之情："《诗》有之：'高山仰止，景行行止。'虽不能至，然心向往之。余读孔氏书，想见其为人。"

【原文】

若臣死之日，不使内有余帛，外有赢财。

——（西晋）陈寿：《三国志·蜀书·诸葛亮传》

【释义】

如果我死的那一天，就一定不会让家里有多余的布匹，外面有赢余的财物。

【解读】

赢：同"盈"，赢余，盈余，指收入中除去开支后剩余的财物。此语前面还有一段话："今成都有桑八百株，薄田十五顷，子弟衣食，自有余饶。至于臣在外任，无别调度，随身衣食，悉仰于官。不别治生，以长尺寸。"这份家庭财产清单充分表明诸葛亮的清廉。"桑八百株，薄田十五顷"，按照汉代和三国时期的官俸制度，这是一个很低的数额。东汉开国皇帝刘秀的妻舅家有田地四千七百余顷，比诸葛亮拥有的土地面积多出数百倍。"子弟衣食，自有余饶"，是指诸葛亮的家人不是靠裙带关系在朝廷中混饭吃，而是和普通百姓一样从事种植、养蚕等农事活动，以此来维持生计。"至于臣在外任，无别调度，随身衣食，悉仰于官"，意为自己的衣食起居全部依靠官俸来维持。"不别治生，以长尺寸"，显然是指俸禄之外，没有别的生计，不搞经营，也没有依赖来路不明的收入而发不义之财。诸葛亮向后主刘禅"自表"财产状况，坦陈不给自己和家属谋私利的想法。由此可见，诸葛亮不仅为鞠躬尽瘁、死而后已的忠义之臣，而且是一身正气、两袖清风的廉义之臣！

【原文】

天知，神知，我知，子知。何谓无知？

——（南朝·宋）范晔：《后汉书·杨震传》

【释义】

天知道，神知道，我知道，你知道。怎么说没有人知道呢？

【解读】

东汉安帝时期，杨震在从荆州刺史调任东莱太守的赴任途中，路经昌邑。昌邑县令王密是杨震在荆州刺史任内荐举的官员。为了报答杨震的提挈之恩，王密在夜深人静时给杨震送去十斤黄金。杨震坚决不接受，说："我和你是故交，关系密切，我很了解你的为人，你却不了解我的为人，这是为什么呢?"王密说："现在天色已晚，没有人知道。"杨震便说出了这番义正辞严的话，王密听后惭愧而去。"四知拒金"或"暮夜却金"的故事从此千古流传，后人把杨震称为"杨四知""四知太守"或"四知先生"。

【原文】

取之在义不在官。

——（北宋）《新唐书·钱徽传》

【释义】

拿不拿东西，要看是不是符合正义的标准，而不在于官的大小。

【解读】

唐德宗贞元初年，钱徽进士及第，被派遣到湖北谷城县当谋士。县令王郢挥金如土，喜欢结交三教九流，经常用公款请客送礼，案发后被革职查办。观察使樊泽负责处理此案，发现涉案的人很多，可谋士钱徽一文不取，清清白白。于是，樊泽把他安排在自己身边任幕僚。后来，钱徽在担任太子侍从官的时候，宣武地区最高军事长官韩公武想在朝中求得内助，送给钱徽二十万银钱，钱徽断然拒绝。有人说："你又不手握大权，没有必要谢绝。"钱徽说："取之在义不在官。"钱徽洁身自好，嫉恶如仇，贪官污吏惧怕他。他屡次上书，指出进献之风盛行的严重后果，建议朝廷停止纳贡，皇帝虽然听不进这些忠言，却对钱徽心存敬重、有所顾忌。

【原文】

廉者，民之表也；贪者，民之贼也。

——（北宋）包拯：《乞不用赃吏疏》

【释义】

廉洁的官吏，是人民的表率；贪污的官吏，是人民的盗贼。

【解读】

北宋名臣包拯为官数十年，虽俸禄可观，却吃的是粗茶淡饭，穿的是布衣芒鞋，用的是竹木器具，一直过着简朴的生活。他向朝廷进《乞不用赃吏疏》，说了上面这段话，视贪官污吏为"民之贼"，表示只要发现贪官赃吏，就一定坚决弹劾。北宋仁宗嘉祐四年（1059），开封有个酒商亏本欠下巨款，三司催讨，酒商只得卖房产来还账。三司使张方平趁机低价收购酒商的房产。包公闻知后立即弹劾，说："张方平身居高位，趁势贱买酒商的邸舍，不知廉耻，不可处大位。"宋仁宗采纳包公的建议而罢免张方平，任命宋祁为三司使。不久，包拯得知宋祁在四川用公款游宴玩乐，还有贪污行为，继续上书弹劾。宋仁宗又采纳包公的意见而罢免宋祁。包拯一身正气、两袖清风，敢于同不正之风斗争到底，为廉政建设和纪律作风建设提供了镜鉴。包拯立朝刚毅，不附权贵，铁面断案，敢于替百姓申不平。民间传包公为黑面形象，故称其为"包青天"，也有"关节不到，有阎罗包老"之语。

【原文】

铁面无私丹心忠，做官最怕叨念功。操劳本是分内事，拒礼为开廉洁风。

————（北宋）包拯：《拒寿礼》

【释义】

我不徇私情，怀着一片忠诚之心，为官最不应该显摆自己的功劳。辛勤工作本来就是职责范围内的事，拒收皇上送来的寿礼为的是开创廉洁奉公的风气。

【解读】

包拯六十大寿时，宋仁宗念他劳苦功高，决定为他做寿。包拯推辞不过，只好从命，但吩咐儿子包贵在门口拒礼，如有人执意要送，必须写明送礼的理由，并立即禀告他。谁知第一个送礼的竟然是宋仁宗派来的六宫司礼太监，包贵让他写明理由，老太监写诗一首："德高望重一品卿，日夜操劳似魏征。今日皇上把礼送，拒之门外理不通。"包拯看后，在太监的诗下面回了这首《拒寿礼》。太监只好捧着寿礼回去。太监刚走，又来了朝内大臣张奎，其理由是：

"同窗同师同乡人，同科同榜同殿臣。无话不说肝胆照，怎能拒礼在府门?"包公提笔回诗："你我本是知音人，肝胆相照心相印。寿日薄酒促膝谈，胜似送礼染俗尘。"张奎知道包公的脾气，摇了摇头，遂吩咐家丁将礼物拿了回去。包拯生前立下家训："后世子孙仕宦，有犯赃滥者，不得放归本家；亡殁之后，不得葬于大茔之中。不从吾志，非吾子孙。"包拯在这个三十七字家训的后面落款道："仰珙刊石，竖于堂屋东壁，以诏后世。"珙：包珙，包拯的儿子。这个十四字的落款意在嘱咐包珙将家训刻在石碑上，用来警示子孙后代。这条家训为包氏后人累出清官奠定了基础。

【原文】

且夫天地之间，物各有主。苟非吾之所有，虽一毫而莫取。

——（北宋）苏轼：《前赤壁赋》

【释义】

在天地之间，物品各有自己的主人。如果不是我应该拥有的，即使是一分一毫也不能拿。

【解读】

苏轼为官四十余年，始终戒奢崇俭、清廉自持。他被放逐黄州任团练副使，耕田于东坡之上，"日炙风吹面如墨"。团练副使的俸禄很微薄，家口又不少，苏轼一度过着举步维艰的生活，曾作《蜜酒歌》一诗，自嘲"先生年来穷到骨，向人乞米何曾得"。他不得不制订计划，每天用钱一百五十文，每月月初取钱四千五百文，分三十串悬在梁上，每天用长叉取一串，来维持最低生活标准。苏轼谪居岭南时，家里没有收入，衣食不继，便自种山芋，住在茅草屋里。苏轼在《范增论》说："物必先腐也，而后虫生之。"意思是说，物体总是自身先腐烂，然后虫子才可以寄生其中。这是借用《荀子·劝学》中的"物必先腐，而后虫生"，并稍作修改而成。这个看似简单而实则充满辩证思维的论述意在表明，事物总是自身先有弱点，然后才会被外物侵蚀；贪腐现象之所以屡禁不绝，根本原因在于，腐败者自身道德素养不高，免疫力低，容易受到金钱美色的诱惑和入侵。

【原文】

廉非为政之极，而为政必自廉始。惟廉则欲必寡，欲寡必公。

——（元）揭傒斯：《揭溪斯全集》

【释义】

廉洁不是从政的最高要求，但从政必须从廉洁开始做起。只要廉洁，贪欲就一定减少；贪欲减少了，就一定公道正派。

【解读】

对于为官从政来说，廉洁自律既是最高境界，又是底线要求。元顺帝至正三年（1343）三月，元顺帝下诏修辽、金、宋三史，任命翰林侍讲学士揭傒斯等人为总裁官，并遴选一大批史官正式开局著书。修史时，揭傒斯对于爱护百姓、造福一方的官吏，下笔时就旁征博引，赞扬他的功德；对于贪赃害民的官吏，就如实记载下来，并给予无情批判。有一次，一个群众口碑不好的郡侯让下属和百姓送来礼品为揭傒斯做寿，欲请揭傒斯撰文记载他的政绩。揭傒斯非常气愤，痛斥道："你的所作所为到底怎样？我怎么能违背民意而为你粉饰事实呢？"此人几经贿赂均以失败告终。

【原文】

清风两袖朝天去，不带江南一寸棉。惭愧士民相饯送，马前洒泪注如泉。

——（明）况钟：《拒礼诗》

【释义】

我为官一身正气、两袖清风，赴京朝见天子，没有携带江南的一寸棉花作为礼物。官民饯行相送令我深感惭愧，上马前我洒下的热泪像泉水一样喷涌如注。

【解读】

明宣宗宣德五年（1430），况钟出任苏州知府。当时，苏州堪称全国最富庶的地区，人口和税粮在全国各府中位居第一。苏州知府赴任前，皇帝都要亲自设宴送行。在长达十三年的任职过程中，况钟整顿吏治，正风肃纪，为民申冤，并核减税粮，废止多项苛捐杂税，替苏州百姓办了很多实事，却"内署肃然，无铺设华靡物"，餐桌上只是一肉一蔬，被老百姓称为"况青天"。明英宗正统五年（1440），况钟赴京述职，苏州大小官员和百姓纷纷赠礼送行，况钟全部拒收，并作此诗以倾吐心声。明英宗正统七年（1442），况钟因积劳成疾而卒于任上，享年六十岁。况钟和包拯"包青天"、海瑞"海青天"一起，被百姓誉为"三大青天"。

【原文】

吏不畏吾严而畏吾廉，民不服吾能而服吾公。廉则吏不敢慢，公则民不敢欺。公生明，廉生威。

——（明）年富：《官箴》

【释义】

官吏不会害怕我严厉，而会害怕我廉洁；百姓不会对我的能力心服口服，而会对我的公正心服口服。廉洁，官吏就不敢怠慢；公正，百姓就不敢欺蒙。公正产生严明，廉洁产生威信。

【解读】

这则官箴源自战国荀子的"公生明，偏生暗"和明朝曹端的"其公廉乎！公则民不敢慢，廉则吏不敢欺"。明代名臣年富将二者综合起来，并作了些改动，作为勉励自己为官清正廉明、刚直不阿的座右铭。年富历事明成祖、明仁宗、明宣宗、明代宗、明宪宗五朝，在地方、中央部门任过职，革除弊政，弹劾贪官，始终保持清廉刚正，得到于谦的保护和支持。明孝宗弘治十四年（1501），泰安知州顾景祥将《官箴》刻碑立于府衙，以儆官员。清乾隆年间，泰安知府颜希深将此碑作为家训传给后代。后来，颜氏祖孙三代恪守《官箴》，连出四个督抚。他们每次都携碑履新上任，用以自警自勉。这块《官箴》刻石现保存在西安碑林。三十六字《官箴》可谓字字珠玑，诠释了为官之本莫过于两点，一是公，二是廉。据《明史》记载，年富"廉正强直，始终不渝，与王翱同称名臣"。

【原文】

绢帕蘑菇及线香，本资民用反为殃。清风两袖朝天去，免得闾阎话短长。

—— （明）于谦：《入京》

【释义】

手绢、手帕、蘑菇、线香等土特产，本来应该为老百姓所享用，现在反而被官吏搜刮走送礼去了，给人民带来灾殃。我两手空空进京朝见天子，以免被老百姓说长道短。

【解读】

线香：用木屑加香料做成的细长而不带棒的香。闾阎（lú yán）：原指古代里巷内外的门，后借指平民居住的地区，也泛指平民百姓。作此诗时，于谦任山西巡抚。明英宗正统年初，杨士奇、杨荣、杨溥主持内阁朝政时公正廉明，于谦所奏事宜很快就能得到批准。而于谦每次进京商议国事时都是"空囊以入"，让大多数有权势的人感到失望。"三杨"去世后，太监王振掌权，肆无忌惮地招权纳贿，百官大臣争相献金求媚。于谦进京奏议时依然不带任何礼品。有人劝他："你不送金银财宝，难道不能带点土特产去吗？"于谦甩了甩两只袖子，说："只有清风。"还写了这首诗以明志。久而久之，王振怀恨在心，指使人诬告陷害，把于谦送交三法司判处死刑。山西、河南的百姓听说后，数万人联合起来赴京请愿，封地在河南、山西的朱姓藩王也上书替于谦申冤。朝廷看到众怒难犯，只好将于谦官复原职。于谦官至兵部尚书后，又被奸人所害而蒙难抄家。抄查于谦私宅时，什么值钱的东西和谋逆的罪证都没查出来。士兵发现，于谦的房屋极其简陋，家无余资，一贫如洗，上下无不为之动容。

【原文】

萧条棺外无余物，冷落灵前有草根。说与旁人浑不信，山人亲见泪如倾。

—— （明）朱良

【释义】

毫无生气的棺材外面没有剩余的财物，清冷寥落的灵位前只有一些草根。这么说给其他人听，他们肯定不相信，我亲眼看见后泪雨倾盆。

【解读】

明世宗嘉靖四十一年（1562），海瑞被任命为浙江淳安知县。他自己种菜，衣服单薄破烂，夏天睡在破席上。有一次，他买了两斤肉为母亲过生日，总督胡宗宪得知此事，将其当作特大新闻加以宣扬。海瑞纠正了很多冤假错案，并疏通河道，兴修水利，为当地群众造福。因此，老百姓称其为"海青天"。与此同时，海瑞惩治腐败毫不留情，强令贪官退田还民，连退隐的内阁首辅、他的恩人徐阶也不放过。"海瑞斗严嵩"的故事在民间流传很广。因此，贪官污吏称其为"海阎王"。七十四岁的海瑞病卒于官舍，士大夫凑钱为他购置棺材，同乡检点他的遗物，发现只有俸金八两、竹笼一只、旧衣数件。清代赵吉士在《寄园寄所寄》卷2引《座佑编》中记载："苏人朱良作诗吊之曰：'批鳞直夺比干心，苦节还同孤竹清。龙隐海天云万里，鹤归华表月三更。萧条棺外无余物，冷落灵前有菜根。说与旁人浑不信，山人亲见泪如倾。'"明代王世贞以九字评价海瑞："不怕死，不爱钱，不立党。"

【原文】

廉耻，立人之大节。盖不廉则无所不取，不耻则无所不为。

——（清）顾炎武：《日知录·廉耻》

【释义】

廉洁知耻，是立身做人的重要节义。不廉洁，就没有什么东西不敢拿；不知耻，就没有什么事情不敢做。

【解读】

顾炎武廉政思想的突出特点是强调明廉知耻的政治意义。基于对明朝灭亡教训的总结，顾炎武认为，如果普通百姓没有羞耻心，其毫无节制的贪求行为就会危害社会秩序，使国家陷入犯罪活动猖獗的深渊；如果士大夫没有羞耻心，其毫无节制的贪求行为就会危害政治秩序，使国家陷入官员腐败猖獗的深渊；明朝之所以无力应对农民起义军和后金国军队的双重打击，根本原因在于明末士大夫不知廉耻。"士大夫之无耻，是谓国耻。"国耻，即指明朝亡国之耻。顾炎武强调，"礼义廉耻，国之四维。四维不张，国乃灭亡"可归结为"耻维不张，国乃灭亡"，从而"廉政"也可归结为"耻政"。"耻维不张，国乃灭亡"，是顾炎武廉政思想的根本观点，其实质在于强调羞耻心是廉政的道德心理基础。

【原文】

诚欲正朝廷以正百官，当以激浊扬清为第一要义，而其本在于养廉。

——（清）顾炎武：《与公肃甥书》

【释义】

如果真想匡正朝廷，就必须先匡正文武百官，应当以除恶扬善为第一要旨，而它的根本在于培养清廉的美德。

【解读】

"激浊扬清"出自《尸子·君治》："扬清激浊，荡去滓秽，义也。"比喻清除坏的，发扬好的。徐元文，字公肃，被顺治称为"佳状元"，康熙年间出任修《明史》总裁。顾炎武一生不忘复明大业，入清不仕，屡次以死违拒清廷招聘，与清朝势不两立，坚守民族气节。顾炎武在写给外甥徐元文的这封信中引用《论语》中孔子的话"所谓大臣者，以道事君，不可则止"，告诫徐元文要"以道事君"，如果统治者不听劝谏，就要辞官而去，并以沿途所见所闻以及地方官吏草菅人命的事实为例，希望外甥"以激浊扬清为第一要义"，胸怀敢作敢为的勇气和舍我其谁的担当，在大是大非的问题上不当"鸵鸟"和"开明绅士"。顾炎武提倡"天下兴亡，匹夫有责"，时刻关注社稷民生，对仕清的外甥苦口婆心、悉心劝导，勉励徐元文要"有体国经野之心，而后可以登山临水；有济世安民之略，而后可以考古论今"。

【原文】

惟廉者能约已而爱人，贪者必朘人以肥已。

——（清）《明史·循吏传序》

【释义】

只有廉洁的人才能约束自己施爱于人，贪腐的人一定会剥削别人来中饱私囊。

【解读】

朘（juān）：朘削，剥削。明太祖洪武元年（1368），朱元璋登上皇帝宝座，地方官吏进京朝见。朱元璋在他们返回当地之前发布诏书，这句话出自其中。在这句话之前，他说："天下新定，百姓财力俱困，如鸟初飞，木初植，勿拔其羽，勿撼其根。"意思是，天下刚刚平定，老百姓的财力很困难，好像小鸟刚刚学会飞翔、树苗刚刚栽植，你们不要拔去小鸟的羽毛，不要摇动树的根部。朱元璋以通俗易懂的比方来说明大局初定时的国家形势，告诫地方官吏要体恤百姓、为政清廉。朱元璋为地主放过牛，当过和尚，托钵乞讨过，加入农民起义军当过兵，饱尝贪官污吏的压榨和欺凌，对贪腐发自肺腑地愤恨，堪称史上惩治贪腐最严酷的皇帝。他不满足于凌迟、弃市等刑罚，发明"剥皮实草"酷刑，即把人皮完整剥下来做成袋状，在里面填充稻草后悬挂示众。然而，贪污腐败从未消绝，朱元璋不禁发出感叹："我欲除贪赃官吏，却奈何朝杀而暮犯！"

【原文】

一丝一粒，我之名节；一厘一毫，民之脂膏。宽一分，民受赐不止一分；取一文，我为人不值一文。谁云交际之常，廉耻实伤；倘非不义之财，此物何来？

——（清）张伯行：《禁止馈送檄》

【释义】

一根丝一粒米虽然很小，却关系到我的名声和节操；一厘钱一毫钱虽然很少，却是人民的劳动果实。对百姓宽和一分，百姓所得就不只一分；向百姓多索取一文钱，我的为人就连一文钱都不值。谁说人际交往是人之常情？收受馈赠实在伤害清廉。如果不是不义之财，这些财物是从哪里来的呢？

【解读】

脂膏：脂肪，借指人民的血汗和劳动果实。清圣祖康熙四十二年（1703），张伯行被授为山东济宁道。适逢灾荒之年，他设法从家乡运来钱和粮食，并赶制棉衣，用来解救百姓的饥寒。康熙命令按各道救济灾民，张伯行便拿出仓谷两万两千多石赈济灾民。张伯行的雷厉风行却被山东布政使指责为独断专行，并要上疏弹劾。张伯行分辩道："皇上如此重视民间疾苦，应该以仓谷为重，还是以人命为重？"布政使无言以对。为此，康熙专门赐予张伯行"布泽安流"的匾额。后来，康熙南巡时见到张伯行，说："我很早就了解你，我来推荐你。如果你将来做官做得很好，天下都会认为我是知人善任的。"张伯行在福建巡抚任上，为了拒绝送礼者而撰写《禁止馈送檄》，并张贴于居所院门及巡抚衙门。这篇檄文共五十六个字，用了八个"一"字，表明关心百姓疾苦、注重个人名节、厌恨送礼行贿的立场。这篇檄文不胫而走、广为传诵，被视作为政清廉的"金绳铁矩"。老百姓曾经送他一副对联："只饮江南一杯水，四海清官数伯行。"康熙称赞张伯行为"天下清官第一"。

【现实意义】

抓住"关键少数"　管住"最大多数"

1965年秋，甘肃省天水县花牛寨生产大队的社员们给毛泽东同志寄去一箱自己生产的苹果。不久，他们收到中央办公厅的一封信，还有44.82元钱，这钱是毛泽东同志交代寄的。信中说："中央早有不收受群众礼物的规定，请你们以后不要再送，现汇去44元8角2分，请查收。"上世纪六十年代，毛泽东同志的生活管理员打听到国外有种带嘴儿的烟，便委托外交部购买了两打，并想从招待费中报销这笔开支。毛泽东同志得知后严肃地说："中国不缺我毛泽东一个人吃的花的。可是，我要是生活上不检点，随随便便吃了拿了，那些部长们、省长们、市长们、县长们都可以吃了拿了，那这个国家还怎么治理呢？"

中国共产党从诞生之日起，就把反腐倡廉庄重地书写在自己的旗帜上。1921年7月，党的一大通过中国共产党第一个纲领，就明确了党的纪律。1989年9月，邓小平同志指出："我们要反对腐败，搞廉洁政治。不是搞一天两天、一月两月，整个改革开放过程中都要反对腐败。"我们党在九十多年波澜壮阔的革命、建设、改革的奋斗历程中，始终把党风廉政建设和反腐败斗争作为一项重要政治任务来抓。

民心是最大的政治，正义是最强的力量。党的十八大以来，以习近平同志为核心的党中央把全面从严治党纳入"四个全面"战略布局，坚持思想建党和制度建党紧密结合，集中整饬党风，严厉惩治腐败，净化党内政治生态，党内政治生活展现新气象，赢得了党心民心，为开创治国理政新局面提供了重要保证。当前，党风廉政建设和反腐败斗争形势依然严峻复杂，解决管党治党失之于宽、失之于松、失之于软的问题，比以往任何时候都更为紧迫。

权力导致腐败，绝对权力导致绝对腐败。近年来，党中央高度重视管住领导干部这个"关键少数"，把"关键少数"作为严肃党内政治生活的重点，坚持和落实民主集中制，用好巡视利剑，打破"刑不上大夫"的猜想，坚决查处领导干部滥用权力的违纪违法案件，严肃处理踩红线、越底线、闯雷区等行为，不以地位高而破规，不以问题小而姑息，不以违者众而放任，关闭"暗门"和"天窗"，有效预防破窗效应，打虎、拍蝇、猎狐行动取得举世瞩目的成绩，形成反腐败斗争的压倒性态势。

为了推进全面从严治党、管好八千八百多万中国共产党党员这个"最大多数"，党中央制定出台几十部党内法规，修订《中国共产党廉洁自律准则》《中国共产党纪律处分条例》，党的十八届六中全会审议通过《关于新形势下党内政治生活的若干准则》和《中国共产党党内监督条例》……类似"紧箍儿"的制度、纪律和规矩，直面党的建设存在的突出问题，顺应新形势新任务的要求，是全面从严治党理论和实践的最新成果。它们看似无情实则有情，成为全体党员清正廉洁的"保护伞"和腐化堕落的"防火墙"。

既抓住"关键少数"、又管住"最大多数"，才能推动形成干部清正、政府清廉、政治清明的良好政治生态。全面从严治党，好比中西医结合的治疗方式，既需要立竿见影的西医手术，直指关键、切除毒瘤、遏制蔓延，又需要正本清源的中医调理，固本培元、抓早抓小、防患未然。

　　无禁区，全覆盖，零容忍；踏石留印，抓铁有痕；利剑高悬、鼓点紧密……这样的措施和态度折射出中央反腐力度不减、节奏不变的决心。党风廉政建设永远在路上，只要绵绵用力、久久为功，必将营造形成政治上的绿水青山！

第二章
社会责任：义者，心之制，事之宜也

　　"义者，宜也。"义，要求人具备主观的人伦自觉，也规定其承担客观的社会责任，每个人都必须履行属于自己的那份义务。"义"历来被列为维护社会秩序的核心道德准则，以确保"父慈子孝，兄良弟悌，夫义妇听，长惠幼顺，君仁臣忠"，形成彬彬有礼、国泰民安的良好局面。不同身份的人如果都能符合"义"的原则而各守本分，社会运行就稳定顺畅，反之则导致社会动荡不安。

　　本章站在社会责任的角度，分为"忠义""礼义"和"孝义"三个部分，通过对经典名句的学习、研究和解读，感受责任担当层面义文化的无穷魅力。"忠义"一节着重研习忠君爱国思想，感受忧国忧民、尽诚竭节的赤胆忠心；"礼义"一节着重研习隆礼贵义思想，体会作为"行事之宜"的"义"在维系社会运行方面的重要作用；"孝义"一节着重研习行孝重义思想，领悟在传统伦理文化中处于基础地位的孝慈文化。

一、忠义：千古忠义气，日星光

【原文】

君使臣以礼，臣事君以忠。

——（春秋）孔丘：《论语·八佾》

【释义】

君主役使臣子要遵循礼义，臣子侍奉君主要坚守忠义。

【解读】

"忠"字在《论语》中共出现 18 次，集中论述了孔子的忠义思想和政治理念。孔子把忠义当作基始性道德要求和普遍性伦理规范，贯穿于处己、待人、为政的全过程。他认为，地位的不同决定了君臣上下之间应该遵循的礼义不同，即"君使臣以礼，臣事君以忠"，这是由各自角色所规定的对等关系。当然，在《论语·先进》中，孔子又说："所谓大臣者，以道事君，不可则止。"这里的"道"即"义"，指君臣之义。也就是说，君臣上下要相互尊重，"事君"要以"道"为原则，如果做不到，就不要当大臣。儒家自诞生之日起就坚持从正义出发，对君主进行规劝、批评与约束，秉持"道尊于势"以及"君子谋道不谋食"的基本立场。正如《孟子·离娄下》中所说："君之视臣如手足，则臣视君如腹心；君之视臣如犬马，则臣视君如国人；君之视臣如土芥，则臣视君如寇仇。"

【原文】

夫子之道，忠恕而已矣。

——（春秋）孔丘：《论语·里仁》

【释义】

老师的思想，就是忠诚和宽恕罢了。

【解读】

有一次，"文圣"孔子说他的思想是"一以贯之"的，曾参听懂了，可曾参的同学不解，曾参就说了这句话。《论语》多处论及"忠"和"恕"这两个概念，且有的时候"忠恕"连用。《论语》认为，"忠"是把心放正中，不偏不倚地对待一切事情和一切人，"恕"是如同自己之心，并推己及人，即用自己的心情去体会他人的心情；"忠"指自己处事的原则，"恕"指对他人的态度；"忠"和"恕"连在一起，形成"忠恕"概念，就构成人的内心情感以及以什么态度、情感对待他人的准则，可以奉行终身，可以"一以贯之"。孔子思想的核心是"仁"，而"忠"和"恕"是仁义精神的重要组成部分。

【原文】

公家之利，知无不为，忠也；送往事居，耦俱无猜，贞也。

——（春秋）左丘明：《左传·僖公九年》

【释义】

对公家有利的事，知道了就不会不做，是忠义；

送走死者、侍奉生者，对这两方面都没有猜忌，是贞义。

【解读】

耦（ǒu）：两人并耕，此处同"偶"，即双数。春秋时期，晋献公临终前命荀息辅佐儿子奚齐，问荀息打算怎么做，荀息表示"加之以忠贞"，晋献公问"何谓忠贞"，荀息以上文表明自己眼中"忠贞"的含义。左丘明在《左传》中对"忠"有过多个角度的阐述，比如，《左传·成公九年》："无私，忠也。"《左传·桓公六年》："上思利民，忠也。"《左传·昭公元年》："临患不忘国，忠也。"《左传·襄公十四年》："将死不忘卫社稷，可不谓忠乎？忠，民之望也。"这些论述都在强调对人民和国家的忠诚，合乎儒家"修身齐家治国平天下"的思想。《左传》也强调忠君，却是置于利民利国的大前提下，即国君只有维护黎庶苍生和江山社稷的利益，臣民才会尽忠于君。

【原文】

人主莫不欲其臣之忠，而忠未必信，故伍员流于江，苌弘死于蜀，藏其血，三年而化为碧。

——（战国）庄周：《庄子·杂篇·外物》

【释义】

君主无不希望他的臣子效忠于己，可忠心耿耿的臣子不一定能取得君主信任，所以伍子胥被赐死而飘尸江中，苌弘远死西蜀，当地人珍藏他的血液，三年之后化作碧玉。

【解读】

在这里，庄子运用两个典故表明，忠臣不是都能获得君主信任，有可能为正义事业而蒙冤受屈，甚至献出生命。春秋时期，楚平王的太子太傅伍奢因受诬陷，和长子伍尚一同被楚平王杀害。伍奢的儿子伍子胥从楚国逃到吴国，成为吴王阖闾的重臣。之后，伍子胥协同孙武带兵攻入楚都，伍子胥掘楚平王墓，鞭尸三百，报了父兄之仇。吴国依靠伍子胥等人，成为诸侯一霸。伍子胥多次劝谏吴王夫差杀勾践，夫差不听。夫差急于进图中原，率大军攻齐，伍子胥又劝谏夫差暂不攻齐而先灭越，遭拒。夫差听信谗言，怀疑伍子胥阴谋倚托齐国反吴，赐剑令其自杀。伍子胥临终前说："请将我的眼睛挖出置于东门之上，我要看着吴国灭亡。"夫差怒，把伍子胥的尸首用鸱夷革裹着抛弃于钱塘江。九年后，吴国为越国偷袭所灭。第二个典故是苌弘化碧。春秋时期，周景王姬贵死后，他的儿子姬猛继位，为周悼王。周悼王在位一年就死了，王族内乱，卿士刘文公和大夫苌弘请晋国相助，辅立姬猛的弟弟姬匄即位，为周敬王。不久，晋国的范氏、中行氏、智氏、魏氏、赵氏、韩氏等六卿发生混战，范氏和中行氏被其他四氏所灭。四氏追查周王室中支持范氏、中行氏的人，要周敬王惩治苌弘。周敬王认为苌弘是辅立自己的功臣，不肯对他惩处。晋国正卿赵鞅派大夫叔向故意频繁拜访苌弘。一天，叔向去见周敬王，说："晋国已经查明，范氏、中行氏之乱与苌弘无关，不必惩处苌弘。"走时故意把一封伪造的信丢落在殿阶上。内侍把信交给周敬王。敬王打开一看，竟是苌弘给叔向的密信。周敬王把信给刘文公看，刘文公大怒，把苌弘放逐到千里之外的蜀地去。苌弘到蜀地后不久便自杀，当地人用玉匣把他的血装起来埋入地下。三年后，匣内的血化成晶莹剔透的碧玉。

【原文】

以道覆君而化之，大忠也；以德调君而辅之，次忠也；以是谏非而怒之，下忠也。

——（战国）荀况：《荀子·臣道》

【释义】

用道义熏陶君主而感化他，是头等的忠诚；用德行来调养君主而辅佐他，是次等的忠诚；用正确的道理劝谏君主的错误而触怒他，是下等的忠诚。

【解读】

这里，荀子把"忠"划分为"大忠""次忠"与"下忠"这三个不同的层次，倡导臣子对君主、下级对上级的绝对忠诚和无条件服从，使"忠"的含义逐步朝着有利于君主的伦理解释。在传统社会，君与臣是两相对应的政治角色。荀子的臣道思想在继承和捍卫孔孟儒家基本价值立场的同时，吸收了稷下学派关于臣道的一些观点，并进行儒家道德化改造，为人们了解其遵君之说提供了另外一个视角。荀子强调臣子对君主的忠义，试图以臣之忠来强化君之尊，容易给人留下"遵君抑臣"、鼓吹君主专制独裁的印象，所以多为后世所诟病。其实，荀子并非主张无条件地效忠君主，而是认为当君主言行不符合正义原则要求的时候，应坚持正义至上原则，奉行"从道不从君"。

【原文】

为人臣者，杀其身有益于君则为之。

——（西汉）《礼记·文王世子》

【释义】

做臣子的，如果牺牲自己而能有利于君主，这样的事就去做。

【解读】

"忠"的概念原是指氏族部落领袖应该履行的服务部落成员的道德义务。战国时期，墨家主张"尚同"与"兼爱"，是对尧舜之忠的继承。可见，在相当长的历史时期，忠义是指君主官吏尽忠于民。然而，从战国后期开始，特别是汉代以后，"忠"几乎成为"忠于君"的专门概念，强调臣子对于君主的绝对服从，比如，《颜习斋先生言行录·学人》："君虽非君，臣不敢以不臣。"《曾文正全集·家训卷下》："君虽不仁，臣不可以不忠。"历代圣贤强调，教君从义、导君为善，是忠义；保位固宠、逢君之恶，不是忠义。然而，"君为独夫民贼，而犹民忠事之""君叫臣死，臣不得不死"等愚忠思想，在宋代以后成为主流，导致忠义精神异化和变质。愚忠思想属于典型的奴才价值观，完全抹杀了个体价值、主体意义和独立人格，成为奴役人民的思想道德教条，应该坚决地否定和批判。

【原文】

今两虎共斗，其势不俱生。吾所以为此者，以先国家之急而后私仇也。

——（西汉）司马迁：《史记·廉颇蔺相如列传》

【释义】

如今我俩像两个猛虎一样争斗，势必不能同时生存。我之所以这么做，是因为将国家危难放在前面而将私人仇恨放在后面。

【解读】

司马迁在《廉颇蔺相如列传》中详细记载了蔺相如的过人智慧、胆略和忠君爱国之举。战国时期，蔺相如心怀忠于国家这个"大义"，先后三次将个人生死和名誉置之度外。第一次，赵惠文王得到了楚国的和氏璧，秦昭襄王写信给赵惠文王，表示愿以十五个城池相换。蔺相如奉命带和氏璧去秦国，经过据理力争和机智周旋，终于完璧归赵。第二次，秦昭襄王为了集中力量攻打楚国，主动与赵国交好，约赵惠文王在渑池会面。蔺相如陪同前往，在赵惠文王被迫鼓瑟之后，蔺相如为了使赵国取得对等地位，软硬兼施，使秦昭襄王不得不击缶。第三次，赵惠文王念及蔺相如的功劳，任命他为上卿，官居廉颇之上。廉颇居功自恃，不服相如，并扬言要羞辱相如。蔺相如始终回避忍让，他的门客们很窝火，气得要辞职，他便说了上面这番话。这番话传到廉颇耳里，廉颇幡然醒悟，负荆请罪，于是将相和好且成"刎颈之交"。在河北邯郸羌村蔺相如庙的享堂大殿里，有一块御赐的匾额，上面写着"赵精忠"三个大字。

【原文】

主暴不谏，非忠臣也；畏死不言，非勇士也。见过则谏，不用则死，忠之至也。

————（西汉）刘向：《新序·节士》

【释义】

因君主暴虐而不进谏的人，不是忠臣；因怕死而不敢说话的人，不是勇士。发现君主的过错就进谏，不被采纳就以死相劝，是忠义的最高境界。

【解读】

据《史记·殷本纪》记载："帝纣资辨捷疾，闻见甚敏；材力过人，手格猛兽；知足以距谏，言足以饰非。"意思是说，纣王天资聪颖，口才好，行动迅速，反应敏捷；力气过人，徒手能与猛兽格斗；智慧足以拒绝臣下劝谏，话语足以掩饰自己的过错。纣王帝辛即位之初，亲率大军东征，东夷部落纷纷臣服。纣王凯旋时，比干率文武大臣步行几十里前往迎接。可很快帝辛就腐化堕落，强迫奴隶建造了一座摘星楼，整天在上面与爱妃妲己笙歌曼舞、饮酒作乐，并"以酒为池，县肉为林，使男女裸相逐其闲，为长夜之饮"，意即，用酒当作池水，把肉悬挂起来当作树林，让男女赤身裸体在其中追逐戏闹，通宵达旦。妲己喜欢看人受虐，纣王便发明"炮烙之法"，即用铜做成空心柱子，行刑时把犯人脱光衣服绑在柱子上，再把烧红的炭火放进铜柱子，将犯人活活烫死。比干是纣王的叔叔，从政四十多年，二十岁时以太师高位辅佐商王帝乙，受托孤辅佐纣王帝辛。针对纣王的骄侈暴佚，比干发出上述感叹，并多次直谏不讳，还带纣王去祭祖，给他讲先王治国的故事，纣王根本听不进去。于是，比干到摘星楼冒死强谏，指出他的错误，请求将妲己斩首并全门赐死，三天都不离去。纣王怒气冲冲地问："吾闻圣人心有七窍，信有诸乎？"就下令杀了比干并剖视其心，比干毫无惧色，慷慨就戮。在《论语·微子》中，孔子将比干和箕子、微子称作"三仁"。

【原文】

天之所覆，地之所载，人之所履，莫大乎忠。忠者，中也，至公无私。

———（东汉）马融：《忠经·天地神明》

【释义】

天空所覆盖的，大地所承载的，人所做出来的，没有比忠诚更高大的。忠义，就是不偏不倚，极其公正而没有私心。

【解读】

《忠经》是关于忠义精神的专门经典，共十八章，将孔子所述的忠义观点进行归纳、提炼和升华，形成全面系统的忠义思想。马融强调，忠义是天地间的至理至德，是评价人们行为的最高准则。他认为，"仁而不忠，则私其恩；知而不忠，则文其诈；勇而不忠，则易其乱"，即忠是仁、智、勇"三德"的纲，从而清晰地表明忠义的基础地位。《忠经》将"忠"的含义与"至公无私"相联系，指出"天无私，四时行；地无私，万物生；人无私，大亨贞。忠也者，一其心之谓矣"，强调道德主体的无私心，把忠义作为调节个体与他人、群体之间关系的基本规范，视忠义为天地间至大无外之义，乃至奉"忠"为神明。

【原文】

人之忠也，犹鱼之有渊。鱼失水则死，人失忠则凶。

——（三国·蜀汉）诸葛亮：《兵要》

【释义】

人的忠诚，好比鱼有了水。鱼失去水就死，人失去忠义就凶险。

【解读】

刘备与诸葛亮的君臣关系之和谐与美妙，常为人们津津乐道，被视作封建社会最理想的君臣关系。诸葛亮足智多谋，具有雄才大略，对刘备竭忠尽智、从无二心。蜀汉昭烈帝章武三年（223），刘备托孤，哭着对诸葛亮说："君才十倍曹丕，必能安邦定国，终定大事。若嗣子可辅，则辅之；如其不才，君可自为成都之王。"诸葛亮跪在地上哭着说："臣安敢不竭股肱之力，尽忠贞之节，继之以死乎！"刘禅继位后，诸葛亮率兵六出祁山、北伐中原，多因粮尽而无功，终积劳成疾，病逝于五丈原。可以说，诸葛亮以戎马倥偬的一生淋漓尽致地诠释了"鞠躬尽瘁，死而后已"的忠义之德，是中华悠久历史长河中集智慧与忠诚于一身的杰出代表。诸葛亮死后，被刘禅追谥为忠武侯。清乾隆在《日知荟说》中指出："诸葛孔明为三代以下第一流人物，约其生平，亦曰公忠二字。"

【原文】

疾风知劲草，板荡识诚臣。勇夫安识义？智者必怀仁。

——（唐）李世民：《赐萧瑀》

【释义】

在狂疾的大风中才能知晓刚劲挺拔的草，在激烈动荡的年代才能识别忠诚的大臣。一勇之夫怎么懂得正义？智慧的人一定心怀仁爱。

【解读】

板荡：《诗经·大雅》中有《板》和《荡》两首诗，都反映了社会的黑暗和人民的贫苦，后以"板荡"形容天下大乱。唐高祖武德九年（626），李建成和李元吉密谋杀害李世民未成，却向李渊诬陷李世民。李渊听后打算惩处李世民，在萧瑀的据理力劝下才打消这个念头。不久，李世民在"玄武门之变"中杀了李建成和李元吉。经过萧瑀的劝解，李渊把政权交给李世民。唐太宗贞观元年（627），李世民登基，封萧瑀为宰相。萧瑀与房玄龄、魏征等合不来，被李世民改任太子太傅。萧瑀毫无怨言，来到东宫任职，辅导太子十分尽职，李世民非常满意，封萧瑀为特进，并赠此诗给他，还说："卿之忠直，古人不过。"萧瑀入贞观朝后五遭罢相，大落大起，都以忠诚亮直、不徇私情、不越法度而屡罢屡起。唐太宗贞观十七年（643），李世民为怀念当初一同打天下的开国元勋，命阎立本在凌烟阁内绘制二十四位功臣的图像，萧瑀位列第九。

【原文】

夫为人臣，当进思尽忠，退思补过，将顺其美，匡救其恶，所以共为治也。

——（唐）吴兢：《贞观政要·君道》

【释义】

作为臣子，应当在进见皇帝时思虑着知无不言、竭尽忠义，在退朝后思虑着自我反省、弥补过失，顺从弘扬皇帝的美德，匡正补救皇帝的缺点，这就是君臣共治。

【解读】

唐太宗贞观十一年（637），李世民渐显骄奢之态，开始追求珍宝异物，兴建宫殿园囿。于是，魏征向李世民连上四疏进谏，不断地用前代兴亡的历史经验教训加以提醒。李世民看了这些奏疏后，亲写诏书回答魏征，手谕里就包括上面这段话。这段话源自《孝经》中孔子所言："君子之事上也，进思尽忠，退思补过，将顺其美，匡救其恶，故上下能相亲也。"在这份手诏的最后，李世民说："公之所陈，朕闻过矣。当置之几案，事等弦韦。必望收彼桑榆，期之岁暮，不使康哉良哉，独美于往日。若鱼若水，遂爽于当今。迟复嘉谋，犯而无隐。朕将虚襟静志，敬伫德音。"弦韦：弦，弓弦。韦，柔皮。《韩非子·观行》："西门豹之性急，故佩韦以自缓；董安于之性缓，故佩玄以自急。故从有余补不足，以长续短之谓明主。"后以"佩韦佩玄"或"弦韦"形容随时自戒，比喻有益的规劝。在这里，李世民意为，看了你上书的建议，我意识到了自己的过错。这些金玉良言应放在案头上，时刻警示自己矫偏纠过。过些年月必定会有收获，不让"康哉良哉"的善政只在尧舜时期得以实施。有你的扶持，我像鱼有水一样，现在一切都很舒爽。对你的良好谋虑回复晚了，请你以后继续犯谏而不要隐瞒。我仍将虚怀若谷、心神安宁，恭敬地听取你的治国良策。李世民的虚心纳谏和魏征的忠心直谏是君主专制制度下君臣和谐的典范，也是君臣共治的楷模。正是这种明君贤臣的和谐关系，成就了"贞观之治"的美政。

【原文】

苏武在匈奴，十年持汉节。白雁上林飞，空传一书札。牧羊边地苦，落日归心绝。渴饮月窟冰，饥餐天上雪。东还沙塞远，北怆河梁别。泣把李陵衣，相看泪成血。

——（唐）李白：《苏武》

【释义】

苏武被匈奴拘押了十九年，始终手拿汉朝天子授予他作为使臣的符节。白色的大雁飞到汉武帝居住的上林苑，从空中传去苏武系在大雁脚上的书信。苏武在边塞之地放牧羊群非常辛苦，回归祖国的心情伴着夕阳而绝望。渴了就喝寒冷的冰窟水，饿了就吃天下飘下来的雪。苏武即将从偏远的沙漠边塞归汉，李陵北临山水设宴为苏武送别。苏武拉着李陵的衣袖，四目相对时哭尽眼泪而替之以血。

【解读】

李陵：西汉名将李广之孙。西汉武帝天汉二年（前99），李陵出征匈奴，率五千步兵与八万匈奴骑兵交战，连战八天八夜，因寡不敌众而兵败投降。汉武帝诛杀李陵三族，其母弟妻儿都被诛死，李陵便与汉朝彻底断绝关系。汉武帝死后，汉朝派人劝李陵回汉，李陵拒绝，最终老死匈奴。西汉武帝天汉元年（前100），匈奴政权新单于即位，汉武帝为了表示友好，派遣苏武率领一百多人，带了许多财物出使匈奴。不料，就在苏武完成出使任务、准备回国的时候，匈奴上层发生内乱，苏武一行受到牵连而被扣留，并被要求背叛汉朝、臣服单于。单于派人许以高官厚禄，苏武严词拒绝。当时正值严冬，单于命人把苏武关入一个露天的大地窖，断绝提供食品和水。渴了，苏武就喝冰雪融化而成的水；饿了，就嚼身上穿的羊皮袄。单于见濒临死亡的苏武仍不屈服，只好把他放出来。软硬兼施都不能使苏武投降，单于就越发敬重苏武，不忍心杀他，却又不想他回国，就把苏武流放到西伯利亚的贝加尔湖一带，让他去牧羊，扬言要等到公羊生子后才放他回国。苏武留居匈奴十九年，手中始终拿着天子赐予他作为使臣的节符。西汉昭帝始元六年（前81），苏武获释回汉。西汉宣帝甘露三年（前51），中兴之主刘询因匈奴归降，为纪念和表扬往昔有功之臣，令人画十一名功臣图像于麒麟阁，苏武位列第十一位。

【原文】

杯羹忍啜得非忠，巧佞胡为惑主聪。盈箧谤书能寝默，中山不是乐羊功。

——（唐）周昙：《春秋战国门·乐羊》

【释义】

为贪图功名而忍心吃掉用儿子血肉做成的羹就是不忠，机巧奸诈、胡作非为的乐羊想蛊惑聪明的君王。满箱指责乐羊的书信虽然沉默不言，却分明在说打败中山国并非乐羊的功劳。

【解读】

啜（chuò）：喝。箧（qiè）：小箱子。乐羊是战国时期中山国人，后投奔魏国，率魏军攻打自己的故国中山国。中山国决定以留在中山国的乐羊的儿子乐舒为筹码来要挟乐羊退兵，就把乐舒吊在城楼上。乐羊根本不顾忌儿子的死活而继续攻城。中山国十分生气，杀了乐舒，并烹煮成肉羹，派人送给乐羊吃。乐羊竟然将肉羹吃了，然后猛烈进攻，灭了中山国。回到魏国后，乐羊炫耀自己对魏文侯和魏国的忠心。魏文侯命令把群臣写的两箱书信拿来让乐羊看，这些书信一致指责乐羊灭绝人性的做法。魏文侯在奖赏乐羊之后就冷落了他，有人问为什么，魏文侯说："一个人为了向上爬，连故国、儿子都不顾惜，还会对谁忠诚呢？"

【原文】

不以物喜，不以己悲。居庙堂之高则忧其民，处江湖之远则忧其君。是进亦忧，退亦忧。然则何时而乐耶？其必曰"先天下之忧而忧，后天下之乐而乐"乎！

——（北宋）范仲淹：《岳阳楼记》

【释义】

不因财物的增多和个人的得意而欢喜，也不因财物的减少和个人的失意而悲伤。在朝廷做官就为人民而忧虑，在偏远的江湖就为君王而忧虑。这样入朝做官也忧虑，归隐江湖也忧虑。那么什么时候才快乐呢？那就一定会说"在天下人忧虑之前忧虑，在天下人快乐之后快乐"吧！

【解读】

北宋名臣范仲淹从小胸怀大志，划粥割齑，刻苦攻读。欧阳修在为范仲淹写的碑文中说，范仲淹"少有大志，每以天下为己任"。据南宋吴曾《能改斋漫录》记载，范仲淹在青年时期说过一句励志名言："不为良相，便为良医。"范仲淹解释说，这是因为良相能为天下百姓谋福利，良医能为天下百姓除疾病。北宋仁宗庆历三年（1043），范仲淹任参知政事，上疏《答手诏条陈十事》，提出十项改革措施，推行庆历新政。一年多后，新政受挫，范仲淹被贬出京。庆历六年（1046），范仲淹被贬至河南邓州，正赶上巴陵郡太守滕子京重修岳阳楼，请范仲淹作记，并附上一幅《洞庭晚秋图》。范仲淹并未登临岳阳楼，只凭此图写出《岳阳楼记》。滕子京是被诬陷擅自动用官钱而被贬的，范仲淹借作记之机，留下"不以物喜，不以己悲"和"先天下之忧而忧，后天下之乐而乐"的千古名句，鼓励滕子京树立匡时济世、忧国忧民的远大抱负。"先忧后乐"是范仲淹忠于国家、忠于人民的真实写照，生动地诠释了他"粹然无疵"的光辉一生。

【原文】

我辈荷国厚恩，当以忠义报国，立功名，书竹帛，死且不朽。

——（南宋）岳珂：《鄂国金佗稡编》

【释义】

我们大家承蒙国家的深厚恩德，应当以忠义报效祖国，建立功名，把自己的姓名镌刻在史册上，为国捐躯而且永垂不朽。

【解读】

荷（hè）：承受恩惠。南宋高宗建炎三年（1129）秋，金军突破长江防线，建康失守，高宗赵构逃到海上，官兵溃散，有人串联岳飞一同逃回故乡，岳飞慷慨陈词，说了以上这段话。岳母姚氏在儿子背上刺下"尽忠报国"四个大字，勉励他要终生效忠祖国，永以报国为志。岳飞于北宋末年投军，十余年间率领岳家军同金军进行了大小数百次战斗，所向披靡。金人有"撼山易，撼岳家军难"之说。南宋高宗绍兴十年（1140），完颜兀术毁盟攻宋，岳飞挥师北伐，先后收复郑州、洛阳等地，又于郾城、颍昌大败金军，进军朱仙镇。宋高宗、秦桧却一意求和，以十二道"金字牌"下令退兵，岳飞在孤立无援之下被迫班师。在宋金议和过程中，岳飞遭受秦桧、张俊等人的诬陷，以"莫须有"罪名被捕入狱。主持审讯的御史中丞何铸诘问岳飞时，岳飞愤然脱下上衣，袒露背上深入肌肤的刺字。何铸受到极大震撼，在没有一件罪状得到证实的情况下不愿顺旨给岳飞定罪，反而认定这个"诏狱"是一大冤案，把自己的审讯结论上报给气焰熏天的宰相秦桧，秦桧向何铸挑明大兴岳飞之狱是宋高宗的旨意。于是，何铸被贬谪徽州。岳飞的忠义具有何等摄人魂魄的威力，竟然让秦桧的党徒何铸丢掉乌纱也在所不惜！

【原文】

位卑未敢忘忧国，事定犹须待阖棺。

——（南宋）陆游：《病起书怀》

【释义】

职位低微却从不敢忘记忧虑国事，实现统一祖国的理想要等死后才能盖棺论定。

【解读】

阖（hé）：关闭。陆游所处的时代正值金兵南侵、山河破碎的荒乱岁月，他少年便立下"上马击狂胡，下马草战书"的凌云壮志，一生为之奔走呼号、奋斗不息，曾亲自披坚执锐、金戈铁马，战斗在抗击金兵的最前线。南宋孝宗淳熙三年（1176），陆游遭弹劾而罢官，移居成都西南浣花村，缠绵病榻二十余日，愈后作《病起书怀》二首，此句出自第一首："病骨支离纱帽宽，孤臣万里客江干。位卑未敢忘忧国，事定犹须待阖棺。天地神灵扶庙社，京华父老望和銮。出师一表通今古，夜半挑灯更细看。"诗人想到自己一生屡遭挫折、壮志难酬，如今年纪已大，不免慨叹感伤，然而并没有放弃统一祖国的抱负。"位卑未敢忘忧国"可谓"诗眼"，与顾炎武的"天下兴亡，匹夫有责"一样，成为后世忧国忧民之士用以自勉自励的座右铭。

【原文】

死去元知万事空，但悲不见九州同。王师北定中原日，家祭无忘告乃翁。

———（南宋）陆游：《示儿》

【释义】

本来就知道我死以后，人间的一切都和我无关，只是为没能看到祖国统一而悲痛。大宋军队收复中原失地的那一天，你们举行家祭时别忘了把这好消息告诉你们的父亲。

【延伸阅读】

南宋宁宗嘉定三年（1210），八十五岁的陆游一病不起，临终前写下绝笔诗《示儿》，表达对祖国没有统一的无奈以及对收复失地的热切期盼，既是立给儿子的遗嘱，也是最后发出的抗战号召，表现出高度的爱国主义热忱。读到这首诗，令人不禁想起他在晚年作的另一首诗："僵卧孤村不自哀，尚思为国戍轮台。夜阑卧听风吹雨，铁马冰河入梦来。"此诗同样深沉悲壮，抒发了自己不为朝廷所用、只能空怀壮志的愤慨，又表明投身抗战、恢复中原的一片赤胆忠心。陆游一生致力于抗金斗争，一直希望能收复中原，虽频遇挫折，却从未改变初衷。他在临终之际仍然抱有"死前恨不见中原"的遗憾，对祖国的赤胆忠心光照千秋万代！明代胡应麟在《诗薮》中这样评价《示儿》："忠愤之气，落落二十八字间……每读此未尝不为滴泪也。"

【原文】

论节义呵，我学那存忠孝施正礼行仁道治纲常伊尹扶汤。

—— （元）李文蔚：《圯桥进履》

【释义】

要说气节和正义啊，我要向辅佐成汤的伊尹学习，学习他忠孝两全，实施正规礼法，实行仁爱之道，以三纲五常治理国家。

【解读】

公元前 1600 年，伊尹辅助成汤打败荒淫暴虐的国君夏桀，废夏立商。伊尹先后辅佐商汤、外丙、中壬、太甲、沃丁五代商王，长达五十余年，任丞相期间用"以鼎调羹"和"调和五味"的思想来治理天下，以帝师之位正帝王家风，并整顿吏治，体恤民生，为商朝强盛立下汗马功劳。商沃丁八年（前1549），伊尹去世，终年一百岁，沃丁以天子之礼将伊尹安葬。苏轼在《伊尹论》中高度评价伊尹的"过人之大节"，认为伊尹"以其全才而制天下"和"取信于天下"，确实是顶天立地的忠贞之士。对于伊尹放逐昏暴的太甲皇帝、亲自摄政三年、等太甲皇帝改过后又迎回的事实，苏轼认为伊尹不是僭位，而是以忠义大节治理天下。

【原文】

我为人一世，只主张"忠义"二字，不肯有半点欺心。今日朝廷赐死无辜，宁可朝廷负我，我忠心不负朝廷。

——（元末明初）施耐庵、罗贯中：《水浒传》

【释义】

我做人一辈子，只在乎"忠义"两个字，不肯有半点欺人或自欺之心。今天朝廷要赐死我这个没有罪的人，宁愿朝廷辜负我，我依然忠心耿耿而不辜负朝廷。

【解读】

这是宋江临死前对李逵说的一番话，《水浒传》以此进一步将宋江塑造成"忠义之烈"。作为《水浒传》的第一主角，宋江为梁山事业发展作出了极大贡献，最终又葬送了梁山事业。宋江在担任县衙小吏时仗义疏财、济困扶危、广结豪杰，"坐楼杀惜"之后辗转避难，投奔晁盖，变成水泊梁山农民起义军首领。晁盖死后，宋江将聚义厅更名为忠义堂，竖起替天行道的义旗，让"义"发生质的变化，为招安做好准备。受招安后，宋江成为朝廷大臣，在替天行道、忠义双全的旗号下，带领梁山兄弟惩恶除暴，征破辽国，平定方腊。水浒英雄被招安以后，始终遭受排挤、打击和诬陷，最后绝大部分人战死沙场或被奸臣害死。但是，宋江直到喝完朝廷药酒之际，还在表明对朝廷的一片忠心。《水浒传》，又名《忠义水浒传》。

有人说："《水浒》而忠义也，忠义而《水浒》也。"也有人说："水浒与忠义，须臾不可离。"确实，一部《水浒》，无论设置情节，还是塑造人物，都以忠义精神为中心而贯穿始终，使所有梁山好汉的体内都流淌着忠义的血液。

【原文】

千年忠义气，日星光。离骚读罢总堪伤。

——（元末明初）舒頔：《小重山·端午》

【释义】

屈原千百年来留下的忠义之气，与日月星辰齐光。读完《离骚》总令人感伤不已。

【解读】

屈原早年受楚怀王信任，任左徒、三闾大夫，兼管内政外交大事，提倡"美政"，深入进行变法改革，主张对内举贤任能、修明法度，对外力主联齐抗秦。因遭贵族排挤毁谤，被先后流放至汉北和沅湘流域。后来，秦将白起攻破楚都郢，屈原悲愤交加，怀石自沉于汨罗江，以身殉国。《离骚》深刻揭露"我"和国君之间的矛盾："我"希望国君始终如一、实践前言，国君却屡屡变化；"我"希望国君"抚壮弃秽"，国君却根本不理解"我"的良苦用心；"我"希望国君"举贤授能"，国君却信任党人；"我"希望陈述中情使国君幡然醒悟，国君却听信谗言而疏远"我"。总之，国君是昏庸易怒之君，"我"是忠贞不渝之臣。屈原描述的国君已经失去威信，以被批判的形象出现，这在古典诗文中属于大胆而罕见的举动，表现出诗人不畏权势的人格和独立的批判精神。屈原毕竟生活在战国末期，又是楚国贵族阶层的士大夫，和国君的矛盾虽然尖锐对立而不可调和，可他要实现理想却又离不开国君支持，因此，《离骚》对国君的揭批带有很大的保留性。

【原文】

忠义慨然冲宇宙，英雄从此震江山。

——（元末明初）罗贯中：《三国演义》

【释义】

忠义之气慷慨激昂直冲宇宙，英雄豪杰从今以后威震江河山岳。

【解读】

此诗出自《三国演义》第二十七回："挂印封金辞汉相，寻兄遥望远途还。马骑赤兔行千里，刀偃青龙出五关。忠义慨然冲宇宙，英雄从此震江山。独行斩将应无敌，今古留题翰墨间。"罗贯中对关羽的描写主要围绕忠义来展开。张辽劝降关羽，并答应关羽提出的降汉不降曹等"三约"。曹操说："云长义士，必不失信。"然后，关羽用一系列行为表明对刘备的忠义。他先到下邳接上二位嫂夫人，再与曹操一起班师回许昌。路上安歇馆驿，曹操欲乱其君臣之礼，让人安排关羽同二嫂共处一室，关羽秉烛立于户外，自夜达旦。曹操见关羽穿的绿锦战袍旧了，就取异锦做新战袍相赠，关羽接受了，将它穿在里面，外面仍然罩着旧袍。曹操见关羽的马瘦，就把赤兔马送给关羽。关羽说："吾知此马日行千里，今幸得之，若知兄长下落，可一日而见面矣。"关羽收到刘备书信而得知其去向后迅速出发，千里走单骑，过五关斩六将，古城斩蔡阳，不辞万里投往故主。后来，他又在华容道义释曹操。关羽走麦城而身亡，罗贯中赞道："汉末才无敌，云长独出群。神威能奋武，儒雅更知文。天日心如镜，《春秋》义薄云。昭然垂万古，不止冠三分。"在关羽生命终结的时候，罗贯中还是用了一个"义"字。《三国演义》把关羽列为蜀国"五虎上将"之首。清代毛宗岗认为《三国演义》有"三绝"，即诸葛亮的"智绝"、关羽的"义绝"和曹操的"奸绝"。关羽去世后逐渐被神化，民间尊称其为关公、美髯公。清朝时期，关羽被奉为"武圣"，与文圣"孔子"齐名。

【原文】

吾辈所以忝窃虚名、为众所附者，全凭"忠义"二字。

——（清）曾国藩：《曾国藩全集·家书》

【释义】

我们这些人之所以空有现在的名分，被大家所拥护，全部依靠"忠义"这两个字。

【解读】

忝（tiǎn）：谦辞，表示辱没他人，自己有愧。晚清柱臣曾国藩从清宣宗道光三十年（1850）三次上疏，直言用人之道，到清文宗咸丰元年（1851）五次上疏，议汰兵、平银价，有的矛头直指当朝皇帝，冒死直谏，以忠谋政，但很多谏疏均被束之高阁。曾国藩一生尽忠报国、战功显赫，把自己的才干无私奉献给了没落的清王朝。他推行以忠为上的信条，强调"以忠诚报国"，宣扬"善莫大于作忠，恶莫大于不忠"，"君子之道，莫大乎以忠诚为天下倡"。在他的忠义思想的影响下，左宗棠、李鸿章、鲍超、江忠源等成为清朝的忠臣，为延长清朝寿命起到了举足轻重的作用。郭嵩焘是曾国藩的好友，曾国藩亲自修书，邀请郭嵩焘一起攻打太平军，希望其忠君尽孝、敦序人伦，郭嵩焘因此来到曾国藩的湘军大营，与曾国藩共同与太平军作战。曾国藩死后，同治皇帝谕赐祭文，称其"学有本原，器成远大。忠诚体国，节劲凌霜。正直律躬，心清盟水"。

【现实意义】

心中常喊看齐　忠诚表里如一

周恩来同志一生对党和人民无限忠诚。误解、责备、打击，他都可以忍受；可谁要玷污他的忠诚，他就会怒发冲冠、奋起抗争。1973 年秋，政治局三次批周，江青率先向周恩来同志开炮，说他"蒙骗主席"，逼他承认"右倾投降主义"。周恩来同志忍无可忍，当场拍了桌子，并说："我一辈子犯过很多错误，但投降主义的帽子扣不到我的头上！"1975年9月20日，周恩来同志最后一次进手术室时，大声对身旁的邓小平等同志说："我是忠于党、忠于人民的，我不是投降派。"

要做到像周恩来同志那样忠于党和人民，首要一条就是增强核心意识、看齐意识，在思想上、政治上、行动上同党中央保持高度一致。

全党向中央看齐，保持高度团结和集中统一，是我们党的光荣传统和独特优势。1945年4月21日，毛泽东同志在党的七大预备会议上说："要知道，一个队伍经常是不大整齐的，所以就要常常喊看齐，向左看齐，向右看齐，向中间看齐，我们要向中央基准看齐，向大会基准看齐。看齐是原则，有偏差是实际生活，有了偏差，就喊看齐。"邓小平同志晚年时，女儿问他长征是怎么过来的，回答只有三个字："跟着走！"在革命、建设、改革的各个时期，广大党员干部时时处处向中央看齐，团结带领最广大的人民群众，让神州大地"换了人间"。

党的十八大以来的实践充分证明，习近平总书记作为党中央的核心、全党的核心，是众望所归、实至名归，是党心所向、民心所向。明确习近平总书记的核心地位，反映了全党的共同意志，反映了全党全军全国各族人民的共同心愿。从出台"八项规定"和重拳整治"四风"，到开展党的群众路线教育实践活动，再到开展"三严三实"专题教育和"两学一做"学习教育，中央政治局坚持从自身抓起，树立起"徙木立信"的威望，形成党政军民上下一心、同频共振的良好局面。以习近平同志为核心的党中央以身作则、率先垂范，带头改变作风、密切联系群众，在治国理政各个方面站得高、谋得深、想在前、干得实，以扎实成就赢得广大人民群众的衷心拥护和支持。

中央执要，四方来效。党员干部要保持向党中央看齐的清醒，拥有向我看齐的底气，常补精神之"钙"，常培思想之源，把对党和人民的忠诚融入血液、嵌入骨髓，在歪理邪说面前敢于亮剑，在大是大非面前站稳脚跟，在风浪考验面前无所畏惧，做到"千磨万击还坚劲，任尔东西南北风"。看齐是全方位、系统性的，既有思想上的看齐，也有行动上的紧跟，更有工作中的担当。党员干部讲看齐，不能停留在口头上，还要付诸行动，向党中央看齐，向党的核心看齐，向党的理论路线方针看齐，向党的各项决策部署看齐，永葆对党和人民忠诚的政治品格，做到表里如一、知行合一、始终如一，带动更多群众走在前列、干在实处。说到底，就是要在看齐过程中同党中央保持高度一致，在思想上同心同德、政治上坚定忠诚、行动上勇挑重担，形成"人心齐，泰山移"的强大力量。

齐则有序，齐则有力，齐则有效。只要我们牢固树立政治意识、大局意识、核心意识、看齐意识特别是核心意识、看齐意识，满怀对党和人民的无限忠诚，不断增强经常看齐的清醒、主动看齐的自觉、坚定看齐的担当、善于看齐的能力，做到党中央提倡的坚决响应、党中央决定的坚决执行、党中央禁止的坚决不做，争当政治上的明白人和行动上的带头人，就一定能凝聚起亿万人民的磅礴力量，夺取全面建成小康社会决胜阶段的伟大胜利！

二、礼义：凡人之所以为人者，礼义也

【原文】

凡人君者，欲民之有礼义也。夫民无礼义，则上下乱而贵贱争。

——（春秋）管仲：《管子·版法解》

【释义】

凡是君主，都希望百姓怀有礼义。百姓没有礼义，就会出现上下混乱、贵贱相争的局面。

【解读】

历史上，管仲无礼的观点占据上风，这实际上是一种认识误区。管仲第一个把"礼义廉耻"作为"国之四维"，视"礼"为治理国家的基本道德准则。《管子·侈靡》："礼义者，人君之神也。"这就指出了礼义对君主的重要性。《管子·心术上》："故礼出乎义，义出乎理，理因乎宜者也。"这就阐述了"礼"和"义"的关系，认为两者都是为了约束社会生活中

的每个人，使之具有适宜于自己身份的言行。"礼义"一词在典籍文献中得到广泛使用，内涵较"礼"或"义"单个字来说要丰富厚重得多。比如，《史记·太史公自序》："夫不通礼义之旨，至于君不君，臣不臣，父不父，子不子。夫君不君则犯，臣不臣则诛，父不父则无道，子不子则不孝。此四行者，天下之大过也。"朱熹《朱子家训》："诗书不可不读，礼义不可不知。子孙不可不教，童仆不可不恤。斯文不可不敬，患难不可不扶。"

【原文】

凡人之所以贵于禽兽者，以有礼也。

——（春秋）《晏子春秋·内篇谏上》

【释义】

人类之所以比动物高贵，是因为有礼义。

【解读】

春秋时期，齐国国君齐景公和大臣们一起喝酒。齐景公一时兴起，说："今天我想与诸位大夫畅饮，请你们不要为礼法所拘束。"晏子神色不安地说："禽兽凭力气做首领，强的欺凌弱的，所以每天都在改换首领。现在君王丢弃礼法，那就和禽兽的情况一样了。"然后就说了上面这句话。齐景公背转身子，不愿再听。过了一会儿，齐景公出去，晏子不起身；齐景公进来，晏子又没站起来；一起举杯时，晏子先喝了下去，齐景公非常生气，变了脸色，怒视着晏子，说："刚才先生教训寡人不可不讲求礼法，寡人出入你都不起身致意，大家一同举杯你却先饮，难道这符合礼法吗？"晏子离开坐席，拜了两拜，叩头谢罪说："我哪敢忘记和君王说的那些话呢？我只是向您展示一下不讲礼法的后果。"景公幡然醒悟，便修订礼法并以此治理国家。

【原文】

能以礼让为国乎，何有？不能以礼让为国，如礼何？

—— （春秋）孔丘：《论语·里仁》

【释义】

能够用礼义谦让原则来治理国家，那还有什么困难呢？不能用礼义谦让原则来治理国家，礼义谦让原则又有什么用呢？

【解读】

礼让：遵守礼义，懂得谦让。国：是指周代的诸侯国。《论语》从敬、让、忠、恕、信等多个角度，对"君子"行为作了符合礼义的具体规定，这些规定也适用于治国理政，还适用于国与国之间的交往。春秋时期，天下陷入礼崩乐坏的混乱局面，"至圣先师"孔子看到诸侯使用本来只有周天子才能使用的"八佾"之礼，公然以下犯上，认为"是可忍也，孰不可忍"。他力倡恢复西周之礼，强调把礼义原则推而广之，运用到国家治理中，甚至还可用于国与国之间的往来，所以呼吁克己复礼，主张将礼让原则运用到治国理政实践中。

【原文】

不学礼，无以立也。

——（春秋）孔丘：《论语·尧曰》

【释义】

不学会礼义，就不能立身处世。

【解读】

"仁"是孔子思想的核心，可"仁"不能是空中楼阁，一定要在为人处世中体现出来，而"礼"就是"仁"在现实生活中的具体落实。西周时期，已经形成"五礼"，即五种礼义制度，包括吉礼、凶礼、军礼、宾礼与嘉礼。春秋末年，出现有关礼制和礼仪活动的礼书。现在能见到的最早的礼书是"三礼"，即《仪礼》《周礼》和《礼记》。"三礼"是对周朝礼义的全面总结，标志着礼学体系和礼治思想的成熟。礼，作为规章制度而支撑国家运转，作为行为准则而约束个人言行。守礼知义，可以让人提高道德修养，而不讲礼义的人就会被指责为没开化、不文明，无法在社会上和家庭中立足。

【原文】

礼，经国家，定社稷，序民人，利后嗣者也。

——（春秋）左丘明：《左传·隐公十一年》

【释义】

礼义，是经略国家、安定社稷、规范人民、造福后代的东西。

【解读】

春秋初期，齐、鲁、郑三国联合，在战争中击败并占领许国，许庄公逃到卫国。面对新获取的土地，三国互相谦让起来。齐僖公把许国让给鲁隐公。鲁隐公说："你说许国不交纳贡品，我才跟随你讨伐它。现在许国已经认罪，虽然你有这样的好意，我也不敢参与这件事。"于是，鲁隐公就把许国领土送给了郑庄公。郑庄公让许国大夫百里事奉许庄公之弟许叔住在许国都城的东部，并对百里说："上天对许君不满意，借我的手惩罚他。我难道还能长久占有许国？你应当事奉许叔来安抚这里的百姓，我准备让公孙获来帮助你。"于是，郑庄公让公孙获住在许国都城的西部，对许国遗民礼遇有加。当时的人认为，郑庄公在这件事的处理上合乎礼义。左丘明在记述这件事后，引用孔子上述这段话，来强调遵守礼义对国家、人民和后世子孙的重要作用。

【原文】

成礼义，德之则也。

——（春秋）左丘明：《国语·周语上》

【释义】

礼义得当，是道德的准则。

【解读】

春秋时期，周襄王姬郑派太宰与内史向晋文公姬重耳颁赐任命，晋文公派上大夫到边境迎接，并亲自去郊外慰劳，把他们的住处安排在宗庙，用丰盛的宴席来招待，厅堂上安设照明的大火把。到了吉日，太宰主持仪式，代表周襄王赐给晋文公冕服，内史举行赞唱礼仪，晋文公经过三次辞让后接受冕服。礼毕后，重耳对太宰和内史的酬谢、飨食、馈赠、郊送等礼义都按诸侯等级进行，态度非常谦和。内史回去告诉周襄王，说晋文公接受王命恭敬，执行礼仪得当，摆出"成礼义，德之则也"的观点，然后说："我进入晋国，忠、仁、信、义这四项都不见疏漏，所以我认为晋侯知礼义，您要善待他，他的报答一定丰厚。"于是，周襄王接受内史的建议，对晋文公恩礼有加。

【原文】

春秋无义战。

——（战国）孟子：《孟子·尽心下》

【释义】

春秋时期没有正义的战争。

【解读】

《论语·季氏》："天下有道，则礼乐征伐自天子出；天下无道，则礼乐征伐自诸侯出。"这里的"道"，即"义"之意。孔子认为，"征伐自天子出"是合乎正义的，而春秋时代礼崩乐坏，"征伐自诸侯出"，是不合乎正义的。后来，赵岐注："《春秋》所载战伐之事，无应王义者也。"孔颖达疏："孟子言春秋之世，凡兵之起皆小役大，弱役强，或因怒兴师，或弃礼贪利，未尝有禁暴救乱之义也。"紧接着"春秋无义战"这个论断，孟子继续说："彼善于此，则有之矣。征者，上伐下也，敌国不相征也。"即，那一个比这一个好，是有的。所谓征战，就是上面讨伐下面，同等级别的国家不可相互征伐。可是，春秋时期的战争恰恰发生在同等级别的诸侯国之间，因此不是正义的战争。

【原文】

礼者，法之大分，类之纲纪也。

——（战国）荀况：《荀子·劝学》

【释义】

《礼经》，是法治的核心，是各种法律条例的纲目。

【解读】

这里的"礼"，指的是《礼经》，亦即《仪礼》，对春秋战国时期的礼制进行了汇编，是儒家十三经之一，与《周礼》《礼记》合称"三礼"。传统社会的"礼"孕育出宗法制，使礼法并重逐渐发展成主流价值，成为仁政标准和治国之道。在先秦儒家思想中，荀子礼法思想独树一帜，主张隆礼重法、援礼入法和礼法并立，按照礼义要求将法的指导思想和主要内容进行改造，主张崇尚德政和慎用刑罚，使"礼"从道德教化层面发展成为具有权威性、强制性和普适性的制度。荀子强调把礼义思想融入治国、济世、安民的实践，推崇礼法合治、明德慎罚的国家治理模式。荀子重新解释礼法关系，使儒家的礼治主张不再流于空疏，而是获得可操作性的现实品格。荀子认为，"礼"与"法"不是水火不容的对立关系，而是相辅相成的互补关系；"礼"是广义的"法"，并且是最大的"法"；"礼"与"仁"兼容，"法"与"仁"不兼容。

【原文】

礼义者，治之始也。

——（战国）荀况：《荀子·王制》

【释义】

礼义，是天下大治的开始。

【解读】

荀子习惯于"礼""义"合言。在《荀子》中，"礼义"一词共出现 109 次。"礼""义"合称呈现出礼用义体的结构，即"礼"以"义"为本、"义"以"礼"为用。守正当名分，就是荀子所理解的"礼义"。荀子以性恶论为基础，从社会教化与制度设计的角度来强调礼义的价值，强调起礼义、制法度，依靠礼义制度对人的欲望加以引导和约束，促使形成人人知名分、守规矩的社会秩序。他指出，"法先王，统礼义，一制度"，"人之命在天，国之命在礼"，强调礼义在修身做人、治国理政中的重要意义。儒家礼学思想经过荀子的阐发，从理想层面落到现实，为真正实现以儒治国提供了思想源泉。梁启超说："两千年政治，既皆出于荀子矣。"谭嗣同说："二千年来之学，荀学也。"

【原文】

隆礼贵义者其国治，简礼贱义者其国乱。

——（战国）荀况：《荀子·议兵》

【释义】

崇尚礼法、看重正义，国家就会安定；怠慢礼法、漠视正义，国家就会混乱。

【解读】

荀子将礼义作为"人道之极"，认为道德修养高尚的标准是"隆礼贵义"，并以此作为自己理论的落脚点和核心。他继承孔孟思想并将其发扬光大，主张君主将礼义作为律己修身和治国为政的指导原则和行为规范，并带头遵守礼义制度，将弘扬礼义精神、遵循礼义规范视为提高自身修养和促进国家治理的大事，正所谓"礼及身而行修，义及国而政明"。荀子认为，人们的欲利之心不能根除，但又不可放任，礼义规范可以将人们的欲望进行限制和引导，通过社会认可的途径使正当欲求得以满足，这样国家才能安定，君主的统治地位才能稳固。

【原文】

礼尚往来。往而不来非礼也，来而不往亦非礼也。人有礼则安，无礼则危。

——（西汉）《礼记·曲礼上》

【释义】

礼义崇尚有来有往。我对你有礼而你不对我有礼，不合礼义；你对我有礼而我不对你有礼，也不合礼义。人有礼义就平安，没有礼义就危险。

【解读】

紧接着这几句话，《礼记》说："礼者，不可不学也。夫礼者，自卑而尊人。"意思是说，礼义是不可以不学的，礼义就是对自己谦卑、对别人尊重。西周时期，国家制定严密周详的礼制，对不同身份、年龄、性别的人作出不同的礼义规范。春秋战国时期，周王室衰微，各诸侯国不再严格遵守礼制，很多诸侯和士大夫放肆妄为，最终导致身败名裂。基于这些事实，《礼记》总结历史经验教训，得出"人有礼则安，无礼则危"的结论。古代礼义内容复杂，对现在来说已不完全适用，但"礼尚往来"等礼义原则永远不会过时。讲究礼义文明是实现社会和谐的重要方式，无论是个人还是国家之间的交往，如果能以礼相待，牢记"往而不来非礼也，来而不往亦非礼也"，就会减少矛盾和冲突，营造诚信友善、彬彬有礼的良好环境。

【原文】

何谓人义？父慈子孝，兄良弟悌，夫义妇听，长惠幼顺，君仁臣忠。十者谓之人义。

—— （西汉）《礼记·礼运》

【释义】

什么是为人之义？父亲慈祥、儿子孝顺，哥哥温良、弟弟谨悌，丈夫义气、妻子听从，长辈施惠、晚辈顺服，君王仁爱、臣子忠诚。这十点就是为人之义。

【解读】

悌（tì）：敬爱哥哥。《礼记》不仅是阐述"礼"文化的经典，而且蕴含着丰富的"义"思想。《礼记》认为，"礼"的基础是人情，设置"礼"的终极目标是节制个人情感、规范个人行为，使各种社会角色的人能够和谐相处，即为"义"之所在。《礼记》将社会分为父、子、兄、弟、夫、妇、长、幼、君、臣等十种基本角色，每个角色在社会中有不同的份位要求，对社会要承担相应的义务，即父慈、子孝、兄良、弟悌、夫义、妇听、长惠、幼顺、君仁、臣忠，这就是"十义"。"人义"按照人在社会伦理关系中角色定位的不同而分别加以设定，以父子关系为始，以君臣关系为终，由亲至疏，由家庭推至社会和国家。如此界定"人义"，意在以人情为基点，使人们在一定道德规范的制约下超越原始情感，节制个体利欲，实现从自然人到社会人的转变。

【原文】

义者，宜也。

—— （西汉）《礼记·中庸》

【释义】

正义，就是适宜。

【解读】

与此语相类似，古代经典文献中以"宜"释"义"的表述还有很多，《管子·心术上》："礼出乎义，义出乎理，理因乎宜者也。"《韩非子·解老》："义者，谓其宜也，宜而为之。"《国语·周语》："义，所以制断事宜也。"刘熙《释名》："义，宜也。裁制事物，使合宜也。"韩愈《原道》："行而宜之之谓义。"段玉裁《说文解字注》："义之本训谓礼容各得其宜。"这些表述一致认为，人们的言行举止应适宜于一定的道德准则，这个准则就是"义"。不过，"义"和"宜"的含义不尽相同。义，作为社会行为的价值尺度，是具有正当性和强制性的道德标准；而"宜"不是强制性的约束规范，而是对某种行为导致某种结果所作的主观评判。

【原文】

凡人之所以为人者，礼义也。

——（西汉）《礼记·冠义》

【释义】

人之所以成为人，在于懂得礼义。

【解读】

为了论证这个观点，《礼记》接着说："礼义之始，在于正容体，齐颜色，顺辞令。容体正，颜色齐，辞令顺，而后礼义备。以正君臣，亲父子，和长幼。君臣正，父子亲，长幼和，而后礼义立。"简而言之，礼义的开始是仪态端庄、和颜悦色、言谈恭顺，然后是君臣各安其位、父子相亲相敬、老少和睦相处，这样礼义就确立了。这段话道出了礼仪与礼义的关系，"正容体""齐颜色""顺辞令"等礼仪是礼义的起点，"君臣正""父子亲""长幼和"等人伦秩序的形成标志着礼义的完成。礼仪，是指礼节、礼貌、仪式等形式，对人的进退揖让、语言应答、程式次序等具有明确的规定，是礼义的表现样式；礼义，既包括看得见的礼仪形式，又蕴含看不见的伦理原则，内容丰富博大，涵盖政治、社会、文教、人伦、风俗等多个方面。礼仪包含在礼义之中，礼义的范畴大于礼仪。礼仪与礼义，是形式与内容、外在与内在、行动与思想的关系。在古代文献中，"礼义之邦"的用例颇为多见，而"礼仪之邦"并无一例。

【原文】

事得其宜之谓义。

——（西汉）扬雄：《法言·重黎》

【释义】

事物获得适宜的状态就是正义。

【解读】

这句话的表达方式依然是以"宜"释"义"。扬雄继承和发展道家思想，潜心研究玄学，同时推崇儒家正统伦理观念，重申和论证"三纲五常"的重要性，主张万事万物各得其所就是"义"。他认为，礼义是形式和内容、华和实的统一，"实无华则野，华无实则贾，华实副则礼"；人无礼义则如禽兽，人们应当自觉加强个人修养，"重言，重行，重貌，重好"，从语言、行为、仪表、爱好等方面严格要求自己；应"以礼动，以义止，合则进，否则退"，做到"非正不视，非正不听，非正不言，非正不行"，让行为举止适宜合义。在人性问题上，扬雄既不赞成孟子的性善论，也不赞成荀子的性恶论，提出独特的人性"善恶混"说。他说："人之性也，善恶混。修其善则为善人，修其恶则为恶人。"也就是说，善恶共存于人性中，人人皆有善有恶，人人都可为善为恶，承认善恶转化的可能。扬雄的有善有恶说与告子的无善无恶说都得出可善可恶的结论，都肯定后天环境和自我修养的重要性，但扬雄的出发点是人性与善恶的结合，而告子的出发点是人性与善恶的分离。

【原文】

礼义生于富足，盗窃起于贫穷。

——（东汉）王符：《潜夫论·爱日》

【释义】

知礼尚义来源于生活富裕，盗抢偷窃来源于生活贫困。

【解读】

王符把"民为国基，谷为民命"作为立论基础，形成以"富民为本"为核心内容的思想体系。他提出"礼义生于富足，盗窃起于贫穷"的观点，强调物质文明决定精神文明，礼义水平与物质条件之间存在相辅相成的关系。他提出"四行四本"说，即，"夫恕者，仁之本也；平者，义之本也；恭者，礼之本也；守者，信之本也。"他认为，"四行"即仁、义、礼、信，"四本"即恕、平、恭、守；"四本"是"四行"的根基，"四行"是"四本"的表现；"平"是"义"的基础，做到了公平，才能实行正义；"恕"与"仁"、"恭"与"礼"、"守"与"信"之间的关系，以此类推。王符主张"富民在先，尔后教民"，认为治国者应先着重于发展经济、富国富民，方能教化人心，使百姓了解礼义正道，按照正确合宜的道德规范行事，以达到国治民安的目标。

【原文】

夫有国有家者，礼仪之用尚矣。

—— （南朝·梁）沈约：《宋书·礼志》

【释义】

对于国家或家庭，应以使用礼仪为上。

【解读】

尚：通"上"。礼仪是人类为维系社会正常秩序而要求人们共同遵守的道德规范，以风俗、习惯等方式固定下来，是礼义的外在表现形式。对一个人来说，礼仪是其道德水准、文化修养的表现；对一个家庭来说，礼仪是其相敬如宾、和睦共处的反映；对一个国家来说，礼仪是其社会和谐、文明进步的展示。在这句话的后面，沈约接着写道："然而历代损益，每有不同，非务相改，随时之宜故也。"意思是说，历朝历代对礼仪都有增有减，每次与原来不同，并不是一定要硬改，而是为了使它符合时宜。一代代华夏儿女在数千年文明演进中服膺中华礼制，形成诸族和融、同生共长的良好局面。中华礼制奉行"礼，时为大"这一与时俱进的原则，应该适应时代变迁，不断革故鼎新，促使它生生不息地传承下去。

【原文】

义者，心之制，事之宜也。

——（南宋）朱熹：《孟子集注》

【释义】

正义，是对人心的裁制，是判断事物合宜的标准。

【解读】

此语为朱熹对《孟子·梁惠王上》中"王何必曰利？亦有仁义而已矣"所作的注解。《孟子·告子上》记载了孟子和告子关于仁义之内外问题的辩论。告子主张仁内义外，"仁"和"义"是两种不同结构的伦理精神。孟子则强调"仁义礼智根于心"，坚持仁义皆内在于心、是人之本性的观点。朱熹认为，"仁"和"义"均发自于心，"仁"是"心之德"，即人心的道德本体，"义"是"心之制"，即人依据"仁"而对内心欲念的裁断和控制。"义者，心之制，事之宜也"，这个结论上承孟子的"仁义内在"说，也受到

《礼记·中庸》中"义者，宜也"的启发，并给予理学化发挥，认为"义"是本于"天理"的正当合宜的为人处世原则，是判别是非善恶的依据和行事做人的准则。

【原文】

衣食以厚民生，礼义以养其心。

——（金末元初）许衡：《鲁斋遗书》

【释义】

衣食用来让老百姓富足，礼义用来让他们修养心性。

【解读】

许衡，号鲁斋，是元代初期名臣，一生恪守儒家"义以为上"的义利观，在获取物质钱财上坚持"见得思义"，在对待为官从政的态度上坚持"不仕无义"。与"孔融让梨"一样，许衡"义不摘梨"的故事也广为传诵。据《元史》记载，金哀宗天兴二年（1233），蒙古军兵临新郑县，许衡同众人一起逃难，从洛阳渡河经河阳返乡。时值盛夏，人们又饥又渴，发现路边有一处梨林，大家便争先恐后去摘梨。许衡却端坐树下，不为所动。人们问他为何，他答道："非其有而取之，不可也。"人们说乱世中梨树无主，许衡说："梨无主，吾心独无主乎？"不过，许衡在始终坚持"以义为质"价值理念的同时，鉴于当时干戈扰攘、民生凋敝的情况，向元世祖忽必烈建议要重视农桑，发展生产。他认为，百姓生活上的需求得到满足，就不会扰乱社会秩序，国家就会稳定；大兴教育事业，可以加强礼义道德教化，培养人的心性，促进人的进步；足衣食、明礼义，就满足了人们的物质生活需要和精神文化需求，是推动社会发展的双引擎。

【原文】

礼义，治人之大法。

——（清）顾炎武：《日知录·廉耻》

【释义】

礼义，是治理人民的基本法则。

【解读】

顾炎武还说过："礼者，本于人心之节文，以为自治治人之具。"意即，礼义制度是依据人的本心制定的道德规范，用来作为人民自治或治理人民的工具。明清更迭之后，理学尤其是阳明心学趋于式微，已无法满足社会需要，"以经学济理学之穷"的思路应运而生，研究重心转向对经学文献的整理，经学家开始舍理言礼。清中叶以后，"以礼代理"说风行于世。在这一学术路径转换的过程中，被奉为清代学术"不祧之祖"的大儒顾炎武功不可没。他以"六经之指，当世之务"为中心，旨在"以明道也，以救世也"，形成"明道救世"的礼学思想，不仅开一代研经治礼之风气，且为"以礼代理"和"礼学即理学"的学术潮流奠定基调。顾炎武非常重视礼义，对礼制、礼法、礼治、礼学等均有独到见解。

【现实意义】

礼义之风吹暖人心

曾子避席、程门立雪、孔融让梨、千里送鹅毛……这些家喻户晓的典故生动诠释了泱泱华夏为何被誉为"礼义之邦"。从古至今，小到修身齐家，大到治国平天下，中国人的生活中充满着礼义。这些礼义在历史演进过程中逐渐成为人们公认的道德准则，并固化成规范人们言行的制度，维系着中华民族的和谐延续。

毋庸置疑，传统礼义包含愚忠皇权、压制自由、繁文缛节等封建糟粕，但更多地蕴涵尊老爱幼、向善友悌、谦逊礼让等传统美德，只要创新形式内容、增添时代特色，就可以纳入现代文明加以弘扬。

传统文化中的家风族训、乡规民约等礼义制度是党规党纪的重要源头。我们党历来崇德尚礼、勤俭立国，简化领导人迎来送往环节，反对追求排场的大操大办，提倡举办隆重而简约的庆祝纪念活动，营造务实节俭的礼义环境。目前，我国改革已经进入攻坚期和深水区，不可避免地出现了利益矛盾、价值冲突、道德失范等问题，对人们的思想观念产生强烈的撞击。倡导现代礼义观念，有助于提高公民素质、培育良好风尚，为构建社会主义和谐社会打下良好的基础。传承和创新礼义文化，应因时制宜、因地制宜，在优秀传统礼义制度内核的基础上融入时代元素，引领全社会树立明礼崇义的良好风尚。

习近平总书记指出："要建立和规范一些礼仪制度，组织开展形式多样的纪念庆典活动，传播主流价值，增强人们的认同感和归属感。"党的十八大以来，党中央出台"八项规定"，剑指"四风"问题，要求从中央政治局做起，以良好党风带动政风民风。与此同时，大力激发人民群众爱党、爱国、爱军的热情，利用"五四""七一""八一""十一"等政治性节日、党史国史军史上重大事件和重要人物纪念日，举办庄重严肃、内涵丰富的庆祝纪念活动；对容易被遗忘、被遮蔽的历史事件，设立纪念日并举行庄重仪式，比如设立中国人民抗日战争胜利纪念日、南京大屠杀死难者国家公祭日，大大增强了民族凝聚力。

如何使礼义观念落细、落小、落实？应善于从普及礼义文化的角度入手，分别制定完善市民、村民、学生、家庭、商务等各个层面的礼义规范，组织开展竞赛、演出、联欢、表彰等形式多样的活动，促进形成符合现代文明的礼义规程。与此同时，注重将礼文化教育纳入公民教育，融入家庭、学校和社会教育之中。强化家庭教育，父母言传身教，从娃娃抓起，使未成年人养成讲礼貌、崇礼节的好习惯；强化学校教育，教师率先垂范，使学生熟谙公民礼仪知识，并应用到日常学习和生活中；强化社会教育，在各级各种媒体宣传中华民族传统美德、刊发公益广告，广泛传播现代礼文化，使公民明晓职业礼仪、掌握从业规则。只有这样，才能让礼义文明在全社会蔚然成风，助推社会主义核心价值观深入人心。

但愿每个人都能自觉地遵守和运用文明之礼，脸上露出由衷的微笑，让周围的人感受到一缕缕春风吹过，吹散冰封的冷漠和心头的阴霾，吹来温暖的阳光和甘甜的雨露！

三、孝义：夫孝，天之经也，地之义也

【原文】

蓼蓼者莪，匪莪伊蒿。哀哀父母，生我劬劳。

——（周）《诗经·小雅·蓼莪》

【释义】

莪蒿长得又大又高，我不是抱娘莪而是散生的蒿，可怜我的爹和娘，生养我长大太辛劳。

【解读】

蓼蓼（liǎo liǎo）：大而高的样子。莪（é）：莪蒿，俗称抱娘蒿。匪：同"非"。伊：是。蒿（hāo）：蒿子，通常指花小、叶子羽状分裂、有某种特殊气味的草本植物。劬（qú）：父母养育子女的劳苦。全诗描述了父母养育自己的辛劳和自己对父母的依赖，表达出发自内心的对父母恩德的感激，这是孝义存在的最深厚的感情基础。诗人自恨不是抱娘蒿，而是孤苦伶仃的散生的蒿，由此联想到父母的含辛茹苦，讲述不能陪伴赡养父母的原因，将不能在父母身边尽孝的悲痛心情刻画得淋漓尽致。《蓼莪》是表现重孝行义这一中华民族传统美德的最早的文学作品，其中的经典名句不仅在文学作品中常有引用，而且在皇帝颁发的诏书中也出现过。

【原文】

孝弟也者，其为仁之本与。

——（春秋）孔丘：《论语·学而》

【释义】

孝敬父母、顺从兄长，这就是仁义的根本。

【解读】

弟：同"悌"。有子在这句话的前面说："其为人也孝弟而好犯上者，鲜矣；不好犯上而好作乱者，未之有也。"意思是说，做人孝敬悌顺而喜好冒犯上级的人，是很少的；不喜好冒犯上级而喜好作乱的人，是从来没有过的。有子，姓有名若，是孔子的学生。《论语》记载孔子学生时一般都称字，只有曾参和有若称"子"，故有人认为《论语》由曾参和有若著述。这句话鲜明地陈述"孝弟"与"仁"的关系，指出"孝弟"是"仁"的本源，把孝放在个人品德修养第一位。孔圣人认为，天下稳定的关键在于仁，而仁的关键在于孝。历史上以"孝"取官名的很多，最具代表性的是孝廉。汉代颁布一部很重要的法律，叫《孝廉法》，把"孝廉"设为选拔官吏的科目。

【原文】

生，事之以礼；死，葬之以礼，祭之以礼。

——（春秋）孔丘：《论语·为政》

【释义】

父母活着的时候，要按照礼义侍奉他们；父母去世后，要按照礼义埋葬他们，还要按照礼义祭祀他们。

【解读】

春秋时期，鲁国第十五任国君姬允有四个儿子，长子姬同是嫡子，次子、三子、四子都是庶子。姬允死后被尊谥为桓公，三位庶子被称为"三桓"。姬同继位，即为鲁庄公。鲁庄公去世后，三大家族轮流掌握政权，开始鲁国长达四百年之久的"三桓政治"。鲁国国君像东周天子一样，逐渐被冷落。孔子坚决捍卫周朝礼乐制度和政治秩序，主张强公室、弱"三桓"，所以一直和"三桓"关系不好，这就决定了孔子在鲁国不可能获得政治上的成功。《论语·为政》记载了孟懿子、孟武伯、子游、子夏的四次"问孝"。按照周代礼制，天子、诸侯、大夫、士、庶人的礼仪各有差等，凡是僭越礼制的言论和行动都被视为"违礼"。身为"三桓"之一的孟懿子向孔子问孝，孔子答之以"无违"二字，既从大处着眼揭示孝义的政治伦理内涵，又隐含对"三桓"僭越礼制的批评。孔子认为，丧葬、祭祀都属于孝亲的大事，所以《论语》论及"孝"与"礼"的关系，不少与丧葬之事有关，要求人们对父母尽孝义，无论他们在世或去世都应如此。

【原文】

今之孝者，是谓能养。至于犬马，皆能有养。不敬，何以别乎？

——（春秋）孔丘：《论语·为政》

【释义】

如今的孝义，是指能够养活父母。即使是狗和马，也能够得到饲养。如果不心怀敬重，养活父母与饲养动物有什么区别呢？

【解读】

在儒家亲情本位的伦理思想中，以赡养老人为主要内容的孝义是根本。孝义的关键，不在于当养不当养，也不在于养的物质条件，而在于以什么样的态度来养。这段话提出"孝""养"和"敬"的关系问题。从孔子发人深思的反问来看，三者的逻辑关系应该是这样的："养"是子女的基本家庭义务，是天经地义的；"孝"离不开物质上的赡养，可仅仅是物质上的赡养不等于"孝","孝"的精髓在于"敬";"养"在物，而"敬"在心；如果对父母的赡养不含尊敬之情，就和"犬马之养"没有区别；一丝不苟、发自内心、和颜悦色地赡养老人，谓之"敬";"孝"包含两个层面，即物质上的"养"和精神上的"敬"。

【原文】

夫孝，德之本也，教之所由生也。

——（春秋）《孝经·开宗明义》

【释义】

孝义，是一切品德的根本，也是教化产生的根源。

【解读】

《孝经》是儒家经典中唯一专门论孝的文献，对孝义作了系统阐释和全面论述，把"孝"视为人类一切道德规范的核心，强调孝义既是至高无上的德行，又是治国安邦的伦理基石。《孝经》极言"孝"之美好，其孝义思想丰富完备并自成知识体系，被很多人称为"孝科学"。《孝经》认为，孝义是君王的"至德

要道"，是天经地义的人伦规范，是所有品行教化的
本源，是所有道德中的最高德目。《孝经》召世以来，
上自帝王将相，下至黎民百姓，都备受尊崇。唐玄宗
李隆基亲自为《孝经》作注，使《孝经》成为《十三
经注疏》中唯一被皇帝注释过的儒家经典。唐玄宗为
"夫孝，德之本也，教之所由生也"注云："言教从孝
而生。"

【原文】

　　夫孝，始于事亲，中于事君，终于立身。

　　　　　　　　　　——（春秋）《孝经·开宗明义》

【释义】

　　孝义，最低要求是侍奉父母，然后是侍奉国君，
最高境界是立身扬名。

【解读】

　　如何行孝？这是《孝经》的重要内容。这段话
论及了行孝的三个层次，即"事亲""事君"和"立
身"。《孝经》还认为，天子的孝义是"爱敬尽于事
亲，而德教加于百姓，刑于四海"；诸侯、卿大夫和

士的孝义是守护好自己的封土、禄位和宗庙；庶人的孝义是"用天之道，分地之利，谨身节用，以养父母"。《礼记》对"孝"也有诸多相似的论述："孝有三：大孝尊亲，其次不辱，其下能养。""孝有三：小孝用力，中孝用劳，大孝不匮。"唐玄宗李隆基对"孝，始于事亲，中于事君，终于立身"进行注释道："忠孝道著，乃能扬名荣亲，故曰，终于立身。"

【原文】

夫孝，天之经也，地之义也，民之行也。

——（春秋）《孝经·三才》

【释义】

孝道，是上天的经脉，是大地的正义，是人民的品行。

【解读】

这段话说明，行孝是天地之德，是人应当具有的基本品质。所谓"天之经"，就是日月星辰周而复始地运动，具有恒常不变的规律；所谓"地之义"，就是利于万物、厚德载物，负山岳而不沉，承河海而不泄，毫无私心和偏执；所谓"民之行"，就是每个人都应效法天地之品德，至诚至敬地落实到一言一行之中，不容丝毫功利掺杂其中。《孝经》认为，"孝"是天经地义、人人应做的事情，是一切道德的原点；天道、地道、人道皆归于一，就是"孝"；作为人间的仪轨，"孝"是可以与"天之经"和"地之义"相提并论的真理。

【原文】

五刑之属三千，而罪莫大于不孝。

——（春秋）《孝经·五刑》

【释义】

五刑的犯罪条款有三千条，而其中没有比不孝的罪责更大的。

【解读】

五刑：古代五种刑罚的统称，在不同时期的内容所指不同，西汉文帝以前是指墨、劓、刖、宫、大辟，隋唐之后则为笞、杖、徒、流、死。紧接着这段话，《孝经》说："要君者无上，非圣人者无法，非孝者无亲，此大乱之道也。"意即，要挟君王的人无视君王，非议圣人的人无视法纪，否定孝义的人无视亲情，这是社会大乱的原因。历代王朝将孝义作为核心准则，且将对父母之孝与对君王之忠结合起来，由孝及忠，奉行忠孝治国，不仅在伦理道德层面倡导孝道，还注重用法律手段来保障孝义落实，对不孝之罪量刑极重。《尚书·康诰》中，周公姬旦告诫大臣说："元恶大憝，矧惟不孝不友。"汉律把不孝列为大罪。三国两晋南北朝时期，"孝"的内容在律法中得到具体化制度化。北齐律规定，重罪有十条，其中八条与不孝有关。唐朝法典《唐律疏义》中，明确规定"五刑十恶"，其中包含与不孝有关的内容和"不孝"之罪名。宋至清代的法典中，不孝均被列入十恶重罪。民间有不孝会遭天打雷劈之说，可见孝义在官方和民间的影响力都很大。

【原文】

谨庠序之教，申之以孝悌之义，颁白者不负戴于道路矣。

——（战国）孟轲：《孟子·梁惠王上》

【释义】

认真从事乡学教育，反复陈述孝敬顺悌的正义，头发花白的老人就不必肩扛头顶着东西赶路了。

【解读】

庠（xiáng）：古代学校。庠序：古代地方办的学校，即乡学，后泛指学校或教育事业。颁：同"斑"。"孝"字在《孟子》中共出现二十九次，另有多处论述与孝义有关而未出现"孝"字。孟子认为，孝义是天下安定祥和的必然要求，是个人在家庭和社会安身立命的道德起点。这段话节选自孟子对梁惠王的一段谈话，孟子论及文化教育事业，主张给民众以教化，使之懂得孝义，这是更高意义上的民富。"颁白者不负戴于道路"的实质是老有所养，意在向百姓申明"孝悌之义"，敦促其及时行孝，使得老有所养、老有所依、老有所乐、老有所安，让老年人生活得安心、静心、舒心、开心。

【原文】

老吾老，以及人之老；幼吾幼，以及人之幼。天下可运于掌。

——（战国）孟轲：《孟子·梁惠王上》

【释义】

孝敬自己的长辈，进而推及孝敬别人的长辈；疼爱自己的孩子，进而推及疼爱别人的孩子。做到了这一点，整个天下就会像在自己的手掌心里运转一样容易治理。

【解读】

这里，孟子主张推己及人，将孝慈对象从自己的亲人推广扩大到他人的亲人，倡导泛爱和博爱，拓展了孝义在社会责任担当方面的内涵。为了论证这个结论，孟子接着说："《诗》云：'刑于寡妻，至于兄弟，以御于家邦。'言举斯心加诸彼而已。故推恩足以保四海，不推恩无以保妻子。古之人所以大过人者，无他焉，善推其所为而已矣。"意思为，《诗经》说："先给妻子做榜样，再推广到兄弟，再推广到家族和国家。"说的就是要把自己的心推广到别人身上去。所以，推广恩德就完全可以保全国家，不推广恩德就连妻子儿女都保护不了。古代圣贤之所以远远超过一般人，不是因为别的，而是因为善于推广他们的良好行为罢了。《孟子》关于"孝"的论述主要着眼于孝慈的社会政治功用，认为孝慈理念和行动能够敦睦长幼、醇风化俗，有利于国家安定团结。孟子的"老吾老以及人之老，幼吾幼以及人之幼"与孔子的"人不独亲其亲，不独子其子"，一以贯之、一脉相承，把尊老爱幼美德从自己延展到他人、从家庭延展到社会，提升了孝义的思想境界。

【原文】

不孝有三，无后为大。舜不告而娶，为无后也。君子以为犹告也。

——（战国）孟轲：《孟子·离娄上》

【释义】

不孝的情况有三种，以没有生养儿女传宗接代为最严重。舜没有禀告父母就娶尧的两个女儿为妻，是为了不断绝后代。品德高尚的人认为这就像禀告了父母一样。

【解读】

《周易》："生生之谓大德。"意即，生儿育女、繁衍子孙是高尚的品德。父子相继、子孙绵延，是天道的一种展现，人们必须恪守孝义、顺应天道。孟子在这里只强调了"无后"这种最严重的不孝，对三种不孝的另外两种没有直接点明。到了东汉，经学家赵岐在《孟子注》中对此注解道："于礼有不孝者三，事谓阿意曲从，陷亲不义，一也；家贫亲老，不为禄仕，二也；不娶无子，绝先祖祀，三也。三者之中，无后为大。"意思是说，从宗法礼制来看，不孝有以下三种情况：阿谀奉承，委屈顺从，陷亲人于不义的境地，这是第一种；家境贫寒，父母双亲年迈，却不食俸禄、不居官位，这是第二种；不娶妻生子，断绝后代，这是第三种。在这三种情况中，没有后代是最不孝的。今天看来，"不孝有三，无后为大"的观点早已过时，与现在的婚育理念、慈孝文化和计划生育政策相左，是断然不可取的。

【原文】

从道不从君，从义不从父，人之大行也。

——（战国）荀况《荀子·子道》

【释义】

遵从道德而不盲从君主，遵从正义而不盲从父亲，这是做人的基本准则。

【解读】

荀子提倡孝义，推崇以孝治天下，但主张"从义不从父"，强调对父母遵从而不盲从，摒弃违反"义"之规定的愚孝和伪孝。《二十四孝》基本上取材于西汉经学家刘向编辑的《孝子传》，后来大都配以图画，故又称《二十四孝图》。"埋儿奉母"即为其中之一，讲的是晋代有个叫郭巨的人，家境贫穷，生有一个儿子，郭巨的母亲疼爱孙子，总把自己的饭食节省下来留给孙子吃。郭巨深感不安，对妻子说："我们本来就因困难而没让母亲过上好日子，现在儿子分掉母亲的饭菜，不如埋掉儿子，好好孝敬母亲。儿子还可以生，母亲不可能再有。"妻子不敢违抗。郭巨便开始挖坑，挖到三尺深时发现一坛黄金，上写"天赐孝子郭巨，官不得取，民不得夺"。夫妻得到黄金，用来孝母养儿，一家人其乐融融。鲁迅在《二十四孝图》一文中对此感慨道："我已经不但自己不敢再想做孝子，并且怕我父亲去做孝子了。家景正在坏下去，常听到父母愁柴米；祖母又老了，倘使我的父亲竟学了郭巨，那么，该埋的不正是我么？如果一丝不走样，也掘出一釜黄金来，那自然是如天之福，但是，那时我虽然年纪小，似乎也明白天下未必有这样的巧事。"

传统孝慈文化的精髓理当继承，其糟粕也应果断抛弃，应采取拿来主义的态度，在古为今用的过程中植入时代内涵，使其日久弥新焕发出活力。

【原文】

孝子之重其亲也，慈亲之爱其子也，痛于肌骨，性也。

——（战国）《吕氏春秋·孟冬纪·节丧》

【释义】

孝顺的儿子敬重他们的父母，慈柔的父母疼爱他们的儿子，这种情感渗入肌肤和骨髓，是人的天性。

【解读】

《吕氏春秋》是在秦国丞相吕不韦主持下，集合门客编撰的一部黄老道家名著。此书以道家思想为主干，同时吸收儒家学说，赞同孝悌之道，并用儒家学说作为批评法家的武器。吕不韦认为，"孝子重其亲"和"慈亲爱其子"，是与生俱来的，是"痛于肌骨"的，乃人之本性。这种观点源于孟子的性善论，即人人都有善心，人人都有孝心。中国人往往愿意把自我价值融入家庭，注重个人对家庭承担的责任和义务。《吕氏春秋》强调，慈孝是一切道德的基础，其实质是感恩报恩、奉献社会，在维持社会稳定、巩固统治地位方面有着非常重要的作用。

【原文】

父母全而生之，子全而归之，不亏其身，不损其形，可谓孝矣。

——（战国）《吕氏春秋·孝行览·孝行》

【释义】

父母完好地把儿女生下来，儿女应洁身自爱而保持父母生育自己时的样子，不亏缺自己的身体，不损害自己的形象，就可以叫做孝顺。

【解读】

这个观点源自《孝经·开宗明义》："身体发肤，受之父母，不敢毁伤，孝之始也。"意思是说，人的身体、毛发、皮肤，都是父母赋予的，不能轻易损毁伤残，这是孝顺的开始。存身惜名不辱亲，是"孝"最基本的内涵。父母疼爱子女胜过疼爱自己，子女应感激父母的养育之功，在日常工作和生活中珍爱自己的身体和名声，就是孝顺父母的表现。《吕氏春秋》认为，作为子女，最基本的孝道是爱惜并保全父母给予的身体，进而强身健体、立身扬名；爱惜自己的身体，是对父母生育、抚养、疼爱的一种回报，就是"孝之始"；身体受损，罹患疾病，或因言行举止不当而受到处罚，让父母担忧或遭受侮辱，都被视为"不孝"。《礼记·祭义》中有与此相似的提法："父母全而生之，子全而归之，可谓孝矣。不亏其体，不辱其身，可谓全矣。"

【原文】

人不独亲其亲，不独子其子，使老有所终，壮有所用，幼有所长，矜寡孤独废疾者皆有所养。

——（西汉）《礼记·礼运》

【释义】

人们不只赡养自己的亲人，不只抚育自己的子女，而是使老年人安享天年，壮年人施展才华，未成年人健康成长，使丧妻之夫、丧夫之妇、幼小而无父母的人、年老而无子女的人、残疾的人、生病的人都能得到供养。

【解读】

矜（guān）：同"鳏"，丧妻的男子。寡：丧夫的女子。孤：失去父母的幼儿。独：没有儿子的老年人。此语源于孔子和弟子言偃的一段对话。有一次，言偃陪孔子参加祭祀，仪式结束后，两人走到宗庙外面高大的建筑旁边，孔子仰天长叹。言偃觉得奇怪，问："老师，您为什么叹气？"孔子说："我没赶上夏、商、周三代明君当政的时期，可心里总是很向往啊！"接着，孔圣人描述了一个唯才是举、人人友爱、夜不闭户、路不拾遗的大同社会，在言偃的脑海里留下深刻印象。言偃，字子游，后来任鲁国武城宰，阐扬孔子学说，用礼乐教育百姓，境内到处有弦歌之声。孔子赞曰："吾门有偃，吾道其南。"意即，我门下有了言偃，我的学说才得以在南方传播。言偃是吴地常熟人，为孔门七十二贤中唯一的南方人，故后人誉其为"南方夫子"，并配祀孔庙，受儒教祭祀。"人不独亲其亲，不独子其子"的思想把孝义由己及人，提升了孝义的境界，勾勒了一幅人与人之间互相帮助、和谐安定的美好蓝图。后来，孟子主张"老吾老以及人之老，幼吾幼以及人之幼"，继承并发展了孔子的这一思想。

【原文】

孝子之事亲也，有三道焉，生则养，没则丧，丧毕则祭。

——（西汉）《礼记·祭统》

【释义】

孝子事奉双亲，有三件事：父母活着的时候好好供养，死后依礼服丧，服丧期满后按时祭祀。

【解读】

紧接此语，《礼记》说："养则观其顺也，丧则观其哀也，祭则观其敬而时也。尽此三道者，孝子之行也。"意即，在供养上看儿子是否孝顺，在服丧上看儿子是否哀伤，在祭祀上看儿子是否恭敬和按时。这三件事都做得好，就是孝子的品行。《礼记》对"孝"的具体内容有着翔实而深刻的阐述，主张孝义的基本要求是生养死祭。对于养、丧、祭这三个环节，《礼记》有繁复的礼节要求，只有照此倾力而为的人，才能被称为孝子。《礼记》还说："事死如事生，事亡如事存。"举办丧礼时，如果仅仅完成外表上的形式，而缺乏真情实感的流露，就不能视为孝。据《孝经·纪孝行》记载，孔子也说过类似的话："孝子之事亲也，居则致其敬，养则致其乐，病则致其忧，丧则致其哀，祭则致其严，五者备矣，然后能事亲。"

【原文】

树欲静而风不止，子欲养而亲不待也。

——（西汉）韩婴：《韩诗外传》

【释义】

树想静止不动，风却不停止；子女想赡养父母，父母却已离去。

【解读】

有一次，孔子出行，听到有人哭得很悲伤。孔子说："快！快！前面有贤人。"走近一看是皋鱼。他身披粗布，抱着镰刀，在道旁哭泣。孔子下车，对皋鱼说："先生家是不是有丧事？为什么哭得如此悲伤？"皋鱼回答说："我有三个过失：年少时出去求学，周游诸侯列国，没照顾到亲人，这是过失之一；自恃清高，不愿为君主效力，没有成就，这是过失之二；朋友交情深厚，可很早就断绝了联系，这是过失之三。树想静下来，风却不停地吹动它，子女想孝敬双亲的时候，老人却已亡故。过去了不能追回的，是岁月；逝去后想见而见不到的，是亲人。就让我从此离别人世吧。"说完站立不动，枯槁而死。孔子对弟子们说："大家要引以为戒，这件事足以让我们明白其中的道理!"于是，有许多弟子辞行回家赡养父母。《孔子家语》中也有"树欲静而风不止，子欲养而亲不待"的论述和故事。

【原文】

孝子善述父之志，故汉家之谥，自惠帝以下皆称孝。

——（东汉）班固：《汉书·惠帝纪》

【释义】

孝子善于继承父亲的遗志，所以汉代皇帝的谥号，从惠帝以后都带有"孝"字。

【解读】

谥（shì）：谥号，君主时代帝王、贵族、大臣等死后，依其生前事迹所给予的称号。由秦废止的谥法制度在汉初得到恢复，且从汉惠帝开始，皇帝谥号中都含有"孝"字，如孝文帝、孝景帝、孝武帝，以昭示皇族子孙应该效法并继承父祖之志，世代沿袭慈惠孝亲的传统，确保帝祚的永久延续。汉代崇尚孝义，注重旧制的因循和传扬。即便是热衷于开疆拓土、征伐四方的汉武帝刘彻，也注重推奉儒学的孝治思想，利用"三老""孝悌"等基层官吏宣扬儒家慈孝思想，推行乡里教化，强调孝老敬亲是自古以来的道德标准，而扶正社会风气、引导百姓行为，最好的办法莫过于大力弘扬践行孝义。汉武帝坚持"以孝治天下"，多次嘉奖赏赐孝悌者，并下令为年高长者、鳏寡孤独者、缺衣少食者发放帛絮、米粮等抚恤。

【原文】

不举孝，不奉诏，当以不敬论。不察廉，不胜任也，当免。

——（东汉）班固：《汉书·武帝纪》

【释义】

不推举孝子，不遵奉推举孝廉的诏书，应当以不尊敬朝命论处。不能发现廉吏，就是不称职，应当罢免。

【解读】

"孝"和"廉"的并用，最早始于两汉时代的选官制度——举孝廉。汉代建立举孝廉制度，就是由于认识到"孝"和"廉"的内在关联性，把"孝"和"廉"紧密地结合起来，形成具有政治功能的孝廉文化。举孝廉是汉代"以孝治天下"思想在制度建设上的贯彻落实，是我国历史上第一个文官制度，一直持续多年，成为两汉至魏晋南北朝时期的主要选官制度，直到隋代实行科举制后才终止。汉朝"孝治天下"思想实施的主要途径是孝廉并举，即推举孝子和廉吏。西汉武帝元光元年（前134），刘彻诏令举孝廉。此后几年，有的郡连一个孝廉都没有推举。刘彻非常着急，于西汉武帝元朔元年（前128）发出含有上面这段话的明令。西汉时期，从汉文帝起的一百七十多年，举孝廉二十二人。东汉时期，举孝廉九十一人，华佗、许慎、张衡、陈蕃、袁术等人均因此而入仕或升迁。

【原文】

慈母手中线，游子身上衣。临行密密缝，意恐迟迟归。谁言寸草心，报得三春晖？

——（唐）孟郊：《游子吟》

【释义】

慈祥的母亲用手中的针线，为即将远行的儿子赶制穿在身上的衣服。儿子临行前，母亲一针针密密麻麻地缝着，意在担心儿子返家太晚衣服就会破损。谁说小草般的儿女孝心，能够报答春天阳光般的慈母恩情呢？

【解读】

"诗囚"孟郊从母亲为将要远行的儿子准备行装的许多事情中，选取一个具体而细小的情节来着笔，那就是母亲为儿子缝补衣服。由此可见，这是一个贫寒人家，儿子穿的是破旧衣服，而不是裘衣锦服。慈母为儿子缝补衣服，针连着线，线连着针，暗喻母子连心。一针又一针，一线又一线，母亲把对儿子的无私、深厚、温柔的爱密密地缝进了儿子的衣衫。有多少美妙的叠词刻画过销魂的万千情爱，可有哪一个比

得上"密密"和"迟迟"这样拨人心弦？这就是伟大
的母爱！这就是伟大的母亲！最后两句运用通俗形象
的比喻，吐露了诗人的心声，那就是，对于春天阳光
般无处不在的博大无边的母爱，小草似的儿女孝心怎
能报答万一呢？母爱崇高，孝心可鉴，是此诗内容的
两个基本点。孟郊在此诗题下自注："迎母溧上作。"
他多年漂泊无依、贫困潦倒，直到五十岁才得到一个
溧阳县尉的卑微之职，结束了颠沛流离的生活，便将
母亲接来住。在宦途失意的境况下，诗人饱尝人间的
世态炎凉，经常回忆母亲为自己为全家操劳忙碌的身
影，为不能在母亲身边尽孝而愧疚，此时愈觉母爱之
崇高和亲情之可贵，于是挥笔写下了这首感人肺腑的
诗。人同此心，心同此情，情同此理。这首诗没有藻
绘雕饰，一千多年来却让多少中华儿女读来温暖如
春、热泪盈眶！

【原文】

香九龄，能温席。孝于亲，所当执。

——（南宋）王应麟：《三字经》

【释义】

黄香九岁时，替父亲暖被窝。如此孝顺父母，每个人都应该效仿。

【解读】

这段话说的是"扇枕温席"的故事，被编入《二十四孝》，也称"扇枕温被"或"扇枕温衾"。东汉时期，江夏人黄香九岁的时候，母亲死了，就非常孝顺父亲。在炎热的夏天，黄香用扇子把凉席扇凉，再让父亲睡。在寒冷的冬天，黄香先钻进被窝温热被子，再让父亲进去睡。后来，黄香担任魏郡太守时，当地遭遇洪灾，他拿出自己的俸禄和家产救济灾民。他的事迹名播京师，被称为"天下无双，江夏黄香"。中华民族几千年来涌现出来的孝子层出不穷，其典型代表被载入《百孝图》《古孝子传》《孝子传》和《二十四孝》。元朝郭居敬撰辑的《二十四孝》记录了二十四个孝亲故事，从故事时间来说，纵贯各个朝代；从故事人物来说，有男、也有女，有大人、也有小孩，有帝王、也有百姓。这些故事情节简单，语言通俗，易于被民众接受，也符合统治阶级巩固统治地位的需要，因此受到帝王将相和黎民百姓的普遍欢迎。

【原文】

羊有跪乳之恩，鸦有反哺之义。

——（明）《增广贤文》

【释义】

小羊跪着吃奶，是为了感激妈妈的哺乳之恩；乌鸦长大了，不忘妈妈的哺育之恩，从外面把食物衔回来喂给妈妈吃。

【解读】

《增广贤文》是明代编写的儿童启蒙读物，以道家思想为主，也融入正统的儒家思想，强调了读书的重要和孝义的可贵。该书对道家和儒家学说兼收并蓄，不同的人可以从中找到自己喜欢的格言，因此在民间的口碑甚好，拥有广泛的群众基础。"羊有跪乳之恩，鸦有反哺之义"的言下之意是，动物都有感恩父母的报答举动，人类更应懂得孝养敬重老人。中华文化博大精深，将孝敬父母的孝文化逐渐拓展为感恩文化，将感谢之心推及帮助过自己的人，比如"滴水之恩，当涌泉相报"，"衔环结草，以谢恩泽"等名言，都激励世人心怀感恩，并努力把感激之情转化为报恩之举。

【原文】

弟子规，圣人训。首孝悌，次谨信。

——（清）李毓秀：《弟子规》

【释义】

教育启蒙子弟的规诫，是圣人的训导。首要的是孝敬父母、悌爱兄长，其次是谨言慎行、信守承诺。

【解读】

《弟子规》将"孝"作为开篇，把孝义放在个人修养的首要位置。《弟子规》原名《训蒙文》，共三百六十句，三字一句，朗朗上口，内容架构来自《论语·学而》的"弟子，入则孝，出则悌，谨而信，泛爱众，而亲仁，行有余力，则以学文"。全篇开始为"总叙"，然后分"入则孝、出则悌、谨、信、泛爱众、亲仁、余力学文"七个部分。《弟子规》认为，孝义乃为人之根本，是人生第一要务；孝义要从细节

做起，从有礼节地对待父母的"呼""命""教"与
"责"做起；保重自己的身体，一旦身体有伤病，会
使父母担心；端正德行，不违法乱纪，否则会使父母
感到羞耻；不仅照顾好父母的身体和衣食起居，还
要体贴父母的情感，使其感到泰然与安宁；父母生
病，子女要昼夜服侍、悉心照料，给他们以精神上的
慰藉。

【现实意义】

孝动天地　心怀感恩

孝，为孕育于血缘之爱，是人类最本真的情感。
中华孝文化源远流长，甲骨文中就有"孝"字。《说
文解字》对"孝"字的解释是："善事父母者，从老
省，从子，子承老也。"

今天看来，传统孝文化存在不少封建糟粕，如
"不孝有三，无后为大""守我堂前三年孝，不知门外
四季春""父要子亡，子不得不亡"等，这些腐朽落
后的观念已远远不适应当今时代的要求。然而，孝文
化作为华夏文明瑰宝，是中华民族最深沉的精神追求
和最坚固的文化基因。只要坚持古为今用、推陈出

新，有鉴别地加以对待，有扬弃地予以继承，孝文化就会焕发新的生命力。

百善孝为先。孝文化的本质和精华就是敬悌亲人、感恩报恩。毛泽东同志说过："要孝敬父母。连父母都不孝敬的人还肯为别人服务吗？当然不会。""我们共产党人是彻底的唯物主义者，不迷信什么鬼神，但生我者父母，教我者党、同志、老师、朋友也，这也得承认。"习近平总书记指出："尊老敬老是中华民族的传统美德，爱老助老是全社会的共同责任。""有一颗感恩的心很重要，所有的人都要有感恩的心。"这些重要论述表明，中国共产党人积极弘扬慈孝理念，并将其由对亲人的爱延伸到对桑梓、对社会的感恩。

党的十八大报告指出："倡导富强、民主、文明、和谐，倡导自由、平等、公正、法治，倡导爱国、敬业、诚信、友善，积极培育和践行社会主义核心价值观。""三个倡导"分别从国家、社会、公民三个层面，提出反映现阶段全国人民精神追求"最大公约数"的社会主义核心价值观。而在中国传统文化中，《孝经》中也说："夫孝，始于事亲，中于事君，终于立身。"二十四字社会主义核心价值观的三个层面，与经典文献表述的这三个层次具有相吻合的地方，体现了中华民族价值追求的薪火相传。

"谁言寸草心，报得三春晖。"我们应突出孝义理论创新，拓展孝亲文化内涵，挖掘提炼孝道的时代特色，弘扬"人不独亲其亲，不独子其子"的大孝大爱精神，让孝义在立足家庭的基础上走出去，从感恩自己的亲人扩展到感恩党、感恩祖国、感恩人民，努力使孝义文化、感恩文化成为涵养社会主义核心价值观的重要载体。更重要的是，要大力探索开展孝德实践，在中小学推行中华优秀传统文化经典诵读，开设孝义文化课程，帮助学生树立有孝心、践孝行、尽孝道的观念；鼓励更多的人参加志愿服务，开展关注空巢老人、失独老人、孤寡老人、孤儿等尊老爱幼方面的公益活动；设立孝慈专项基金，精准帮扶生活困难老人，保证他们老有所养、安度晚年；精心选树孝亲标兵，通过新闻媒体广泛宣传他们的感人事迹；将孝义现实表现纳入评奖评优、升学就业、晋级提拔的指标体系，形成良性循环的激励机制。

《世上只有妈妈好》《烛光里的妈妈》《父亲》《常回家看看》……一首首满怀感恩的歌曲唱出了多少中华儿女的心声，一经创作就红遍长城内外、大江南北。愿我们都心怀感恩，爱家人，爱社会，爱祖国，将孝慈的种子播撒到神州大地的每一个角落，在中华民族共同的精神家园生根、发芽，开满美丽的鲜花，收获沉甸甸的硕果！

第三章
个人追求：我善养吾浩然之气

"英辞润金石，高义薄云天。"崇正义是中华传统美德的基本要素，也是社会主义核心价值观的重要内涵。义无反顾，见义勇为，急公好义，仗义疏财，成仁取义……这些优良品质成为古往今来无数仁人志士赴汤蹈火、在所不辞的追求。正义，在工作生活、为人处世的时候表现为重节尚气的遵道秉义，在朋友有难、路见不平的时候表现为扶弱抑强的任侠尚义，在君王蒙辱、国家危亡的时候表现为捐躯赴难的凛然大义。

本章站在个人追求的角度，分为"气义""侠义"和"殉义"三个部分，通过对经典名句的学习、研究和解读，感受个人价值层面义文化的无穷魅力。"气义"一节着重研习养气集义思想，感受浩然正气的博大崇高；"侠义"一节着重研习行侠仗义思想，领略侠客们劫富济贫的酣畅淋漓；"殉义"一节着重研习舍生取义思想，接受仁人志士誓死不屈这一"义"的最高境界的灵魂洗礼。信义是正义内涵的重要组成部分，本应在这一章专门设节研习，因这套丛书包含《守诚信》一书，故本书对"信义"内容未作赘述。

一、气义：养气之功，在于集义

【原文】

三军可夺帅也，匹夫不可夺志也。

——（春秋）孔丘：《论语·子罕》

【释义】

军队的将帅可以改变，一个人的志气却不能改变。

【释义】

志：志气、骨气、正气。孔子认为，志气不仅可以与三军将帅相媲美，而且比三军将帅更重要。在战国时期的长平之战中，赵国名将廉颇在数战不利的情况下依托有利地形，命令士兵固守营垒，坚壁不战，以逸代劳，挫伤秦军锐气。秦昭王派人去离间赵孝成王和廉颇，赵孝成王中计，派只会纸上谈兵的赵括接替廉颇，赵括遵照赵孝成王急于求胜的意图，改变廉颇的防御部署而主动出兵进攻秦军，导致大败。这就是"三军可夺帅"。戊戌变法失败后，谭嗣同拒绝逃走，对劝他离开的人说："各国变法，无不从流血而成，今中国未闻有因变法而流血者，此国之所以不昌也。有之，请自嗣同始。"几天后，谭嗣同被捕。临刑前，他高呼："有心杀贼，无力回天。死得其所，快哉快哉！"这就是"匹夫不可夺志"。

【原文】

君子行正气，小人行邪气。

——（春秋）辛研：《文子·符言》

【释义】

品德高尚的人奉行正大之气，品德低劣的人奉行邪恶之气。

【解读】

气：人的作风、习惯或精神状态。文子是老子的弟子，精通道学，其著述主要解说老子之言，阐发老子思想，继承和发展了道家学说。文子在这里指出"君子"和"小人"的不同是分别拥有"正气"和"邪气"，然后对两者分别给予界定："内便于性，外合于义，循理而动，不系于物者，正气也；推于滋味，淫于声色，发于喜怒，不顾后患者，邪气也。"意思是说，内心依从善良本性、行动符合正义要求、遵循伦理规范、不为财利所羁绊的，就是正气；一味追求享乐、沉溺于声色犬马、从个人喜怒哀乐出发、不顾日后祸患的，就是邪气。文子认为，正气和邪气此消彼长，势不两立；如果不打击邪气，就难以树立正气；只有高扬正气，才能压住邪气。

【原文】

我知言，我善养吾浩然之气。

——（战国）孟轲：《孟子·公孙丑上》

【释义】

我能知悉别人的言辞，我善于培养我的浩然正气。

【解读】

孟子心中的"浩然之气",是一种弥漫于天地之间的精神存在,集知识、信仰、价值、情操于一体,是经过长期的德性累积、情感约束与道义自觉而达到的一种思想境界。在孟子说完这句话之后,公孙丑问什么是"浩然之气",孟子说:"难言也。其为气也,至大至刚;以直养而无害,则塞于天地之间。其为气也,配义与道;无是,馁矣。是集义所生者,非义袭而取之也。"意思是说,这很难说清楚,浩然之气作为一种气,最盛大最刚强;靠正直去培养而不伤害它,就会充塞在宇宙之中。它作为一种气,要配备"义"与"道";没有这些,它就会萎缩。它是不断积累"义"而产生的,不是偶然有过正义举动就能获取。孟子认为,培育正气,不是通过歪门邪道谋求小安乐,而应"以直养而无害"和"配义与道",在人间追求大宁静;人们凭借"集义"的量的积累,到一定程度就会发生质的飞跃而形成正气。"我知言,我善养吾浩然之气。"此言一出,慷慨激昂,惊世骇俗,为百世千代立下义正辞约的精神路标!

【原文】

富贵不能淫，贫贱不能移，威武不能屈，此之谓大丈夫。

——（战国）孟轲：《孟子·滕文公下》

【释义】

富裕尊贵不能使他骄奢淫逸，贫困卑贱不能使他改移节操，威逼利诱不能使他屈服意志，这样的人叫做"大丈夫"。

【解读】

大丈夫：有志气或有作为的男子。战国时期，纵横家凭借口才和机智来游说诸侯，从事政治活动，进而取得高官厚禄。有一次，孟子与景春对话。景春认为，纵横家能够以辩才左右诸侯，挑起国与国之间的战争，"一怒而诸侯惧，安居而天下熄"，是了不起的"大丈夫"。孟子则强调，纵横家朝秦暮楚，事无定主，靠摇唇鼓舌、曲意逢迎来博取上位，没有正义感可言，不配称作"大丈夫"。在孟子看来，面对"富贵""贫贱"或"威武"的考验，真正的"大丈夫"会始终坚守精神高地，在内心稳住"正义之锚"。孟子的这句千古名言是对"大丈夫"概念所作的精辟界定，之后的经典著作在此基础上不断丰富和发展"大丈夫"的精神内涵。比如，在《三国演义》第四十五回中，周瑜拉着蒋干的手说："大丈夫处世，遇知己之主，外托君臣之义，内结骨肉之恩，言必行，计必从，祸福共之。假使苏秦、张仪、陆贾、郦生复出，口似悬河，舌如利刃，安能动我心哉！"

【原文】

内惟省以端操兮，求正气之所由。

——（战国）屈原：《楚辞·远游》

【释义】

内心省察用来端正操守，探求正大之气的由来。

【解读】

《楚辞》是中国第一部浪漫主义诗歌总集，与《诗经》并称"诗骚"或"风骚"。《远游》围绕求仙远游的主题，先交代动机，再写准备过程，最后写学仙远游过程中的无比欢乐与自由，构成一个完整的思想行为体系。屈原描写远游者心境时反复吟咏"心愁凄而增悲"，定下全诗情感基调，即坚定的信念和悲愤的追求。楚怀王听信小人谗言，渐渐疏远屈原，并将其多次流放。对于拥有赤胆忠心、立志报效祖国的屈原来说，离开郢都去"远游"四方，心情无疑极度郁闷伤感的。古人认为天堂溢满正义高洁，因此，屈子尽管知道最后不得不回到人间，重返黑暗苦难的世俗社会，却还是决定暂时摆脱肮脏不平的现实世界，为"求正气之所由"而到天上"远游"，对公平正义的追求在虚无缥缈的神游中表露无遗。在《楚辞集注序》中，朱熹从志行、教化和效果三方面对屈原及《楚辞》给予全面系统地评价，赞扬屈原"忠君爱国之诚心"这一"大义"，认为可以"增夫三纲五典之重"。

【原文】

人有气有生有知，亦且有义，故最为天下贵也。

——（战国）荀况：《荀子·王制》

【释义】

人有气息、有生命、有知觉，而且有正义，所以是世界上最可贵的。

【解读】

义，狭义地理解，是指正义、道义、德义；广义地理解，可以是灵魂、精神、境界。人不能像植物、动物那样仅仅是生存而已，一定要生活得有滋味、有情趣、有意义。为了论证人"最为天下贵"，荀子说："水火有气而无生，草木有生而无知，禽兽有知而无义。"也就是说，水火有气息却没有生命，草木有生命却没有知觉，禽兽有知觉却没有正义。通过这样的举例对比，"人为贵"的结论水到渠成。荀子认为，"义"是人之为人的根本，是人类与水火、草木、禽兽的根本区别之所在；人之所以高贵，就在于"有义"、知义和遵义。

【原文】

不为穷变节，不为贱易志。

——（汉）桓宽：《盐铁论·地广》

【释义】

不因贫穷而改变节操，不因卑贱而改变志气。

【解读】

气节、志气、骨气，自古以来为炎黄子孙所崇尚。风骨之人、节气之士、刚正之臣，历来被后人传诵不衰。节、志、气，在口头上说说很容易，道义上的正确性可谓路人皆知，在顺境坚持下来也不难。真正考验一个人是否抱节守志、气贯长虹，是在其身处艰难困苦、经受威逼利诱的时候。《礼记·檀弓》中的"予惟不食嗟来之食"，桓范的"不为难易变节，安危革行也"，孟子的"穷不失义，故士得已焉"，欧阳修的"宁以义死，不苟幸生，而视死如归"……与恒宽所言一样，这些掷地有声的语句洋溢着中华先贤的凛然正气，每每读来真让人荡涤灵魂、热血沸腾！

【原文】

思慕延陵子，宝剑非所惜。子其宁尔心，亲交义不薄。

———（三国·魏）曹植：《赠丁仪》

【释义】

思念和倾慕季札，看重友谊而对宝剑在所不惜。

请你放宽心，亲密的交情不会寡情薄义。

【解读】

延陵子：即春秋时期吴王寿梦的第四子季扎，寿梦很喜欢他，想把王位让给他，他三次让位，两次出走，逃到延陵山野耕作，因此被称为延陵季子。有一次，季扎要出使中原列国，途中与徐国国君一见如故，结为知己。徐国国君很喜欢季扎佩带的宝剑，却难以启齿相求。季扎看出他的心思，决定赠送给他，却因还要佩剑遍访列国，当时便未相赠。季扎出使归来再经徐国时，徐国国君已经去世。季扎慨然解下宝剑，挂在徐国国君墓前的树上，痛哭而去。刘向在《新序·节士》中发出"延陵季子兮不忘故，脱千金之剑兮带丘墓"的感叹。曹植此诗作于曹丕称帝不久，借季扎典故表达对曹丕不重用丁仪的不满，也赞扬延陵季子重友情讲义气，并抒发了自己对好友丁仪深表同情而又爱莫能助之意。

【原文】

吾不能为五斗米折腰，拳拳事乡里小人邪！

——（唐）《晋书·陶潜传》

【释义】

我不能为了五斗米的俸禄而弯腰丧失尊严，小心谨慎地为乡下的小人做事啊！

【解读】

东晋陶渊明是浔阳柴桑人，自幼修习儒家经典，爱闲静，念善事。二十九岁时，他出任江州祭酒，不久辞官归家。州里召他做主簿，遭他辞却。东晋安帝隆安二年（398），他赴荆州在大将桓玄的手下担任参军，后来出任镇军将军刘裕的参军。东晋恭帝义熙元年（405），他担任建威将军刘敬宣的参军。义熙元年（405）八月，他最后一次出仕，官居彭泽县令。在他到任八十一天的时候，浔阳郡派遣督邮刘云来检查公务。刘云凶狠贪婪，经常以巡视为名向辖县索要贿赂，如果得不到满足，就栽赃陷害。官吏提醒陶渊明"应束带见之"，陶渊明就说了这句气宇轩昂的话。后来，他将印绶交还，离开彭泽县，作《归去来兮辞》，正式开始归隐生活。义熙十一年（415），朝廷诏征他为著作佐郎，他称病没有应征。南北朝南朝宋文帝元嘉四年（427），南朝宋名将檀道济久闻陶潜大名，去看望他，赠以粱肉，并劝他出仕，陶渊明拒绝了他，也没有收下所赠粱肉。同年，陶渊明卒于浔阳。《晋书》和《宋书》均有《陶潜传》，两者内容和表述不尽相同。《宋书·陶潜传》："郡遣督邮至，县吏白应束带见之。潜叹曰：'我不能为五斗米折腰向乡里小人。'即日解印绶去职。赋《归去来》。"李白在《梦游天姥吟留别》一诗中说："安能摧眉折腰事权贵，使我不得开心颜。"可以说，"诗仙"李白承接陶渊明"不为五斗米折腰"的高贵节操，勉励人们以气义为重，保持善良纯真的本性，不趋炎赴势，不为世间名利浮华所动。

【原文】

士穷乃见节义。

——（唐）韩愈《柳子厚墓志铭》

【释义】

读书人在贫困的时候就表现出节操和正义。

【解读】

韩愈、柳宗元是唐代古文运动中桴鼓相应的领袖，在"唐宋八大家"中位居第一、第二，并称"韩柳"。两人私交甚厚，柳宗元客死柳州官所，临终前立遗嘱，请韩愈为自己写墓志铭。柳宗元归葬故里时，韩愈撰此墓志铭，赞颂柳宗元的政绩、文采和扶危救困的气义。韩愈在这篇铭文中说，唐宪宗元和十年（815），柳宗元被贬为柳州刺史。当地习惯于用儿女做抵押向人借钱，约定如果不按时还钱，等到利息与本金相等时，债主就把人质没收为奴婢。柳宗元到任后，为借债人想了很多办法，使他们得以赎回子女。这个办法被推广到其它一些州县，一年内免除奴婢身份回家的有近千人。后来，他得知至友刘禹锡将被遣至播州，就流着泪说："播州不是一般人能住的地方，禹锡有老母在堂，我不忍心看到他处境困窘。他没法把这事告诉母亲，况且也没有母子一同前往的道理。"于是，柳宗元向朝廷请求，并准备呈递奏章，情愿拿柳州换播州，表示即使因此再度获罪，也死而无憾。恰遇有人及时把刘禹锡的情况告知皇上，刘禹锡才得以改任连州刺史。写到此处，韩愈发出"呜呼！士穷乃见节义"的慨叹。

【原文】

黯实气义之兼者。士之任气而不知义，皆可谓之

盗矣。然士无气义者，为臣必不能死难，求道必不能
出世。

——（唐）李德裕：《豪侠论》

【释义】

汲黯实在是意气和正义都具备的人。如果一个人
只知道意气用事而不明晓正义，都可称其为强盗了。
但是，如果一个人没有意气和正义，做臣子的一定不
会捐躯赴难，追求得道的一定不会修成正果。

【解读】

在汉武帝面前敢于正谏不讳的人不多，汲黯就是
其中之一。汉武帝常在群臣面前声言行仁义之事，汲
黯在朝堂上说："陛下内心充斥欲望而硬说要施行仁
义，怎么可能建立和实施唐尧虞舜那样的治国之道
呢？"汉武帝在退朝之后说："真过分！汲黯也太戆直
了吧！"大将军卫青屡立战功，汉武帝在宫中却视其
为奴仆一般，以至于"踞厕而视之"。丞相公孙弘进
见时，汉武帝往往衣冠不整地和他对谈，丝毫不顾忌
君臣礼节。汉武帝对汲黯却是例外，总要冠冕齐备才
与他相见。当然，汉武帝对汲黯的犯颜直谏深感不

快，多次把他外放到地方任职。不过，汉武帝非常敬重汲黯的明公正气，感慨道："古有社稷之臣，至如黯，近之矣！"汲黯还公开批评公孙弘、张汤等只按皇帝旨意办事而保官有术的重臣，招致他们的嫉恨和陷害。淮南王刘安图谋造反，对满朝文武官员视若无物，只担心汲黯一人，曾发出这样的感叹："黯好直谏，守节死义；至说公孙弘等，如发蒙耳。"时人把汲黯视为诤谏之臣的代表，尊称其为"汲直"。《明史·海瑞传》列举了古代三大刚劲直谏之臣，即汉代的汲黯、宋代的包拯和明代的海瑞。

【原文】

夷齐双骨已成灰，独有清名日日新。饿死沟中人不识，可怜今古几多人。

——（北宋）司马光：《题夷齐庙》

【释义】

伯夷和叔齐两个人的骨头已经变成了灰，唯独留下清白的名声每天都有新意。他们饿死在山沟里没有人认识，令古往今来多少人哀怜不已。

【解读】

据司马迁在《史记·伯夷列传》中记载，伯夷和叔齐是商朝孤竹国国君的两个儿子，孤竹君想立叔齐为国君。孤竹君死后，叔齐让位给长兄伯夷。伯夷说："这是父亲的意愿。"然后，伯夷逃走了。叔齐也不肯继承君位而逃走。国人只好立伯夷和叔齐的另一个兄弟为国君。这时，伯夷、叔齐听说西伯姬昌善于敬养老人，便商量着说："我们为什么不去投奔他呢？"等他们到达的时候，姬昌已经死了，他的儿子周武王姬发用车载着灵牌，尊他为周文王，正在向东进发讨伐商纣王。伯夷、叔齐拉住周武王的战马，劝阻说："父亲死了尚未安葬，就动武发动战争，能说得上是孝吗？以臣子的身份杀害君王，能说得上是仁吗？"周武王身边的人想杀掉他们，太公姜子牙说："此义人也！"然后扶起他们并送走了。武王灭掉殷纣王帝辛以后，天下归顺于周朝。伯夷、叔齐以此为耻，"义不食周粟"，隐居于首阳山，采集薇蕨来充饥。待到饿得快要死的时候，作了一首歌："登彼西山兮，采其薇矣。以暴易暴兮，不知其非矣。神农、虞、夏忽焉没兮，我安适归矣？于嗟徂兮，命之衰矣。"意思是说，我登上首阳山，采集巢菜来充饥。

统治者以残暴代替残暴，不知道自己的错误。神农、虞舜和夏朝已经逝去，我将归附于谁呢？可叹我将要死去，生命已经衰亡！于是，他们饿死在首阳山。伯夷和叔齐的让国精神和耻食周粟的高尚气节，为历朝历代的华夏儿女推崇备至。屈原、陶渊明、韩愈、李白、杜甫、白居易、范仲淹、司马光、文天祥、刘基、顾炎武等人都有赞颂夷齐的传世佳作。

【原文】

一点浩然气，千里快哉风。

——（北宋）苏轼：《水调歌头·黄州快哉亭赠张偓佺》

【释义】

只要胸中有一点浩然正气，就能领略到千里之外吹来的快意长风。

【解读】

这首词的全文为："落日绣帘卷，亭下水连空。知君为我新作，窗户湿青红。长记平山堂上，欹枕江南烟雨，渺渺没孤鸿。认得醉翁语，山色有无中。

一千顷，都镜净，倒碧峰。忽然浪起，掀舞一叶白头翁。堪笑兰台公子，未解庄生天籁，刚道有雌雄。一点浩然气，千里快哉风。"北宋神宗元丰年间，苏轼在乌台诗案中被诬讥刺新法，遭逮捕下狱，后被贬至黄州任团练副使。他在《次韵孔毅甫久旱已而甚两三首》中写道："去年东坡拾瓦砾，自种黄桑三百尺。今年刈草盖雪堂，日炙风吹面如墨。"为了生存，他只得务农，在东坡这个地方开垦了十几亩荒地，还要自己盖房子。苏轼的友人张怀民字偓佺，在黄州宅舍西南长江边建筑一所亭台。东坡先生为这个亭起了一个颇为雅致的名字，叫"快哉亭"，并写下这首词，通过描绘快哉亭周围壮美的山光水色，抒发了自己身处逆境却乐观豁达、旷阔豪迈的精神。苏轼在《潮州韩文公庙碑》这篇碑文中认为，"浩然之气"的形成是一个道德提升与境界培育的过程，生理层面的气经由道德层面的转化，成为至大至刚的精神。"一点浩然气，千里快哉风"，源自孟子的"我善养吾浩然之气"。浩然正气，快哉长风，一如大江东去般波涛滚滚，是何等地荡气回肠、千古风流啊！

【原文】

天地有正气，杂然赋流形。下则为河岳，上则为日星。于人曰浩然，沛乎塞苍冥。

————（南宋）文天祥：《正气歌》

【释义】

天地之间有正大之气，赋予万物之后就变成各种流动不拘的形状。在下面表现为河流山岳，在上面表现为日月辰星。在人间被称作浩然正气，旺盛地充满苍天穹宇。

【解读】

文天祥二十岁时进京会试，摘取状元桂冠。南宋恭帝德祐元年（1275）正月，元军大举进犯，南宋长江防线全线崩溃，朝廷下诏让各地组织兵马勤王。文天祥立即捐献家资充当军费，招募当地豪杰，组建了一支万余人的义军。有人劝他不要驱羊搏虎，文天祥说："我之所以不自量力，就是为了使天下的忠臣义士能闻风而起，以保住江山社稷。"于是，他奉召捍卫京师，开赴平江、常州前线，与元军作战。后来，他被封为右丞相，奉命与元军统帅伯颜谈判，因据理力争而被伯颜扣留。后文天祥在镇江逃脱，到福建南平组织督府军。宋端宗授任他为右丞相、枢密使，都督各路军马，转战赣闽粤一带，收复十余州县，席卷江南。于是，元军调集重兵阻截义军。南宋帝昺祥兴元年（1278）十二月，文天祥在广东海丰五坡岭兵败被俘，后被押解到元大都囚禁起来。《正气歌》是他死前一年在牢中写的一首五言古诗，全诗直抒胸臆、感情深沉、气壮山河，展现了崇高的民族气节和强烈的爱国精神。在诗前的序文中，文天祥写道："彼气有七，吾气有一，以一敌七，吾何患焉？况浩然者，乃天地之正气也。"他这是在说，自己被长时间关在狭窄的土牢，狱中充满水气、土气、日气、火气、米气、人气、秽气等恶浊难闻的"七气"，虽说自己身体孱弱，在"七气"夹攻之下却安好无恙，是因为凭借胸中的浩然正气，成功抵御住了各种邪气和浊气。清乾隆赞曰："若文天祥，忠诚之心不徒出于一时之激，久而弥励，浩然之气，与日月争光。该志士仁人欲伸大义于天下者，不以成败利钝动其心。"

【原文】

　　吾四人者，臭味相似而气义相投也，故不结而合，既合而欢。

——（金）王若虚：《林下四友赞》

【释义】

我们四个人，脾气类似而且意气秉性互相投缘，所以不必结拜就会聚合在一起，既然聚合在一起就会欢快愉悦。

【解读】

臭味：气味，脾气。王若虚，字从之，自号慵夫、滹南遗老，二十五岁时考中进士，在出仕离家前写了一首诗《别家》："到了身安是本图，何虚身外觅浮虚？谁能置我无饥地，却把微官乞与谁。"王若虚曾任管城、门山县令，后官至著作郎、刺史、左司谏、翰林直学士，性情耿直，为官廉洁公正。据《金史·王若虚传》记载，他"皆有惠政，秩满，老幼攀送，数日乃得行"。他保持坚贞不屈的民族气节，金亡不仕，回归故里。王若虚不仅是文学家，还是史学家和经学家，与元好问堪称金代文化领域之双璧。王若虚、周嗣明、王权、彭悦四人喜好诗文唱和，且秉性类似、志趣相投，被称为"林下四友"。

【原文】

吾家洗砚池头树，个个花开淡墨痕。不要人夸好颜色，只流清气满乾坤。

—— （元）王冕：《墨梅》

【释义】

这幅画宛如我家洗砚池边的梅树，一朵朵盛开的梅花留下淡淡墨水的痕迹。不需要别人夸赞它美丽的颜色，只要流淌清淡的香气充满在天地之间。

【解读】

王冕出身贫寒，幼年替人放牛，靠自学成才。他早年受儒家理学熏陶，怀有匡时救世、兼济天下的远大抱负。后来，他察觉到元末摇摇欲坠的政权，不愿出仕为官，崇尚释道思想而走上隐逸之路。王冕将一生的感悟注入诗、书、画、印等艺术作品中。他的咏梅诗在阴暗动荡的社会里塑造了一个冰清玉洁的梅花世界，读来仿佛能闻到扑鼻的清香、感到真善美的力量。《墨梅》是王冕在自己所画梅花作品上所题的诗，以画呈性、以诗言志，描写墨梅的淡雅劲秀、暗香疏影之美，刻画梅花欺霜傲雪、卓尔不群的个性，也借此表明自己孤高自许、不染一尘的"清气"。

【原文】

宴桃园豪杰三结义，斩黄巾英雄首立功。

——（元末明初）罗贯中：《三国演义》

【释义】

刘关张三人在桃园设宴，义结异姓兄弟，不久就斩杀黄巾军几员大将，第一次立下战功。

【解读】

黄巾：东汉末年，张角领导的农民起义军成员均以黄色头巾抹额，故此次农民战争史称黄巾起义。这两句诗是《三国演义》第一回的标题。"桃园三结义"的故事虽不见诸正史，具有虚构性，却在民间流传很广、影响很深。刘备、关羽、张飞相约在张飞庄后花开正盛的桃园，备下乌牛白马，祭告天地，焚香发誓："虽然异姓，既结为兄弟，则同心协力，救困扶危；上报国家，下安黎庶。不求同年同月同日生，只愿同年同月同日死。皇天后土，实鉴此心，背义忘恩，天人共戮。"之后，三人结拜为异姓兄弟，招聚乡勇义兵，投奔幽州太守刘焉。数日后，程远志率领黄巾军进攻涿郡，刘关张领命出战，斩杀程远志及其副将，"投降者不计其数"，三兄弟立得头功。"桃园结义"的故事把结拜兄弟的义气渲染到了极致，其代表的"义"之境界超越世俗功利，赢得后世的顶礼膜拜。梁启超说："今我国民绿林豪杰，遍地皆是，日日有桃园之拜，处处为梁山之盟。"古往今来，人们一直传诵这个气义相投的豪迈故事，"桃园结义"成为有福同享、有难同当、心心相印的代名词。

【原文】

浩气还太虚，丹心照千古。生平未报国，留作忠魂补。

—— （明）杨继盛：《绝命诗》

【释义】

我马上要死了，浩然正气要还给宇宙，可赤诚之心一定会照耀千秋万代。活着时没能报效祖国，只愿死后把忠贞的灵魂留下来作为弥补。

【解读】

浩气：浩然之气，正气。太虚：即气，古代哲学概念，指万物最原始的实体。明嘉靖年间，蒙古鞑靼族首领俺答数次带兵入侵明朝北部边境，大学士严嵩的同党、大将军仇鸾主张开马市以和之，向鞑靼族购买马匹，认为鞑靼从卖马中获得厚利，便会放弃对明朝的侵略。杨继盛上书《请罢马市疏》，力言仇鸾之举有"十不可五谬"。明世祖朱厚熜听信谗言，将杨继盛下诏狱，后贬为狄道典史。杨继盛被贬一年后，俺答依然扰边，马市全遭破坏。朱厚熜念杨继盛有先见之明，再度起用杨继盛。杨继盛上任不久，上《请诛贼臣疏》弹劾严嵩，历数其"五奸十大罪"。奸臣严嵩向朱厚熜进谗言，诬陷杨继盛。杨继盛被革职下狱，在狱中备经拷打、受尽酷刑。他在狱中作了这首诗，表现了宁死不屈的浩气英风。不久，杨继盛被处死，年仅四十岁。清顺治对杨继盛给予高度评价，说："朕观明有二百七十年，忠谏之臣往往而有，至于不为强御，披胆犯颜，则无如杨继盛。而被祸惨烈，杀身成仁者，亦无如杨继盛。"

【原文】

养气之功在于集义，文章之能事在于积理。

——（明末清初）魏禧：《宗子发文集序》

【释义】

涵养正气的功夫在于聚集正义，作文著述的能力在于积储事理。

【解读】

自孟子"善养浩然之气"发端，我国古代有着丰富的"养气集义"思想资源。魏禧认为，无论是内在的精神化，还是外在的具象化，"养气集义"的功夫最终落实为人的品质和文章的风格；培育正气，要静修内心，严于律己，注重积累，从伦理道德层面提升自己，而不是时断时续、心血来潮；作文要不断地"积理"和"练识"，重视文法的学习和揣摩，兼收并蓄，博采众长，仔细观察社会生活；时刻关注国家安危和民族兴亡，才能使文章有内涵、有主识、有气势、有至理，达到"至醇而不流于弱，至清而不流于薄"的境界。魏禧是江西宁都人，与其兄魏际瑞、其弟魏礼均诗文俱佳，并称"宁都三魏"；与商丘侯方

域、安徽方琬一起，合称"清初散文三大家"；与侯
方域一起，被誉为"北侯南魏"。

【原文】

若贞女节妇，茕茕自守，心如金石，百折不回，
大义所存，皎如冰雪，固可与忠臣烈士并传不朽矣。

——（清）《吴桥县志·卷一叙例》

【释义】

像贞洁之女、节义之妇，孤独无依地自我坚守，
心像钢铁、石头一样坚强，经过多少挫折也不退缩，
凛然大义地巍巍屹立，皎洁得像冰雪一样，固然可以
同忠义之臣、英烈之士一样永垂不朽。

【解读】

茕茕（qióng qióng）：形容孤孤单单，无依无靠。
传统女教的内容颇为丰富，其基本要义是妇女恪守尊
卑之序，受命安分，贞节柔顺，执礼秉义。西汉刘向
编的《列女传》，东汉班昭的《女诫》，唐代宋若莘、
宋若昭的《女论语》，明代永乐皇后徐氏编的《内训》
等典籍，记载了某些妇女的嘉言懿行，歌颂奇节异

行的女子，将其树为女性楷模。例如，《列女传》中"孟母三迁"的故事至今为人所津津乐道。在这些女教书中，女子品行端正，未嫁而能自守，谓之"贞"；已嫁从一而终，夫死而不再醮，谓之"节"；遇强暴凌辱时以死相拒，夫死自尽殉身，谓之"烈"。封建统治者把恪守贞义、节义和烈义作为妇女树立正气的道德要求，并将其内涵拓展到热爱祖国、克己忘我、威武不屈、舍生取义的层面，在一定程度上促进了社会的稳定和发展。然而，古代女性一直被灌输"夫为妻纲"和"三从四德"的观念。明末陈继儒说："女子通文识字，而能明大义者，固为贤德，然不可多得；其它便喜看曲本小说，挑动邪心，甚至舞文弄法，做出丑事，反不如不识字，守拙安分之为愈也。'女子无才便是德'可谓至言。"类似于"女子无才便是德"的众多主张迫使古代女性三寸金莲、足不出户，绝大多数"养在深闺人未识"，生活上不得不依附于男性。于是，一代代妇女生活在愚昧、麻木、拘谨、屈从、墨守成规、缺乏创见的氛围中，成了男尊女卑的封建腐朽文化的牺牲品。

【现实意义】

摒弃歪风邪气　涵养清风正气

气，有正气和邪气之分。习近平总书记强调："风清则气正，气正则心齐，心齐则事成。"党员领导干部必须一身正气、两袖清风，旗帜鲜明地同不正之风作斗争，并注重从讲政治讲大局的高度严于律己，使自己的一言一行像涓涓细流，潜移默化地影响普通干部群众，真正做到"桃李不言，下自成蹊"。

摒弃暮气，涵养朝气。随着改革进入深水区，发展中遇到的问题多了、难了，有的党员领导干部暮气沉沉，抱着"只要不出事，宁可不干事"的态度，遇到矛盾绕着走，碰到困难往后退，热情不足，斗志全无，满足于当四平八稳的"太平官"。这种态度是不可取的，我们应时刻牢记使命，增强危机感、责任感和紧迫感，保持时不我待、只争朝夕的蓬勃朝气，想着每一政策关乎百姓忧乐、每一措施连着万家灯火，身先士卒、勇挑重担，做闯关夺隘的开路先锋，用事业鼓舞自己，用激情感染他人，不负党和人民的重托。

摒弃小气，涵养大气。有的干部心胸狭窄、嫉贤妒能、疑神疑鬼，老是惦记个人利益，不愿把业绩与同事分享，影响工作的开展和单位的和谐。领导干部不要囿于蝇头小利，而必须具备大气象、大眼光，跳出名、利、欲的诱惑，善于从全局、宏观、长远的角度考虑问题，以海纳百川的胸襟容人容物，对待意见建议有则改之、无则加勉，对待事业高瞻远瞩、审时度势，对待名利淡泊明志、宁静致远，挺起腰板、顶天立地，全身心投入火热的工作中。

摒弃官气，涵养地气。有的干部偏爱打官腔、摆架子，在单位搞"拍脑袋"和"一言堂"，在外面牛皮轰轰、霸气十足，乐此不疲地打造"形象工程"与"面子工程"。殊不知"水能载舟，亦能覆舟"，越是想当骑在人民头上作威作福的"官老爷"，就越会受到群众的鄙视和唾弃。党员干部是人民的公仆，应牢记为人民服务的根本宗旨，经常轻车简从地走出机关，倾听基层呼声，了解百姓意愿，关心群众疾苦，真诚地帮助他们办实事、解难事，抡圆胳膊、甩开膀子，与他们打成一片，成为一粒粒扎根于群众沃土的种子，为党心民心共振绽放出光彩夺目的正气之花。

摒弃贱气，涵养骨气。有的干部为了一己私利，即使丧失人格尊严也在所不惜，好像得了软骨病一样，不知不觉地成了"软体人"。党员领导干部必须坚持做官先做人、做人先立德，修心治身，廉洁自爱；不唯上、只唯实，划清尊重领导和"拍马屁"的界限；不当金钱的奴隶，而要坚持"君子爱财，取之有道"的原则，勇于拒绝不义之财；不当老板的跟班，或是与企业家称兄道弟，更不能搞官商勾结、权钱交易，而要清醒地意识到"吃人家的嘴软，拿人家的手短"，与经商人士保持正常工作关系。

孟子说："我善养吾浩然之气。"党员领导干部应把扬正气和崇正义作为修身立命之本，守得住清贫、耐得住寂寞、挡得住诱惑，聚积正能量的气、祛除负价值的气，尽显共产党人刚正不阿、明公正义的强大气场。

二、侠义：义非侠不立，侠非义不成

【原文】

见义不为，无勇也。

——（春秋）孔丘：《论语·为政》

【释义】

见到合乎正义的事却不去做，就是没有勇气。

【解读】

这是关于"见义勇为"的最早记载，明确阐述了"义"与"勇"是人们推崇的美好品德。义，历来被作为评价"侠"的第一准则，是侠观念的核心。与此同时，"勇"也是"侠"所具有之高尚人格的重要组成部分。春秋战国时期，"侠"有很多不同的称呼，如《管子·问》中的"国之豪士"，《孟子·滕文公上》中的"豪杰之士"，《庄子·说剑》中的"剑士"，《墨子·备梯》中的"死士"等。从字面上可以看出，这些称呼蕴涵勇敢、豪壮、誓死、尚武之意。见义勇为、舍己为人，是中华民族崇尚的侠义之举，也是一代代华夏儿女殷切向往并甘愿以身相许的崇高境界。

【原文】

任，为身之所恶，以成人之所急。

——（春秋末战国初）墨翟：《墨子·经说上》

【释义】

任侠，就是做自身不愿意做的事，用来解救别人的急难。

【解读】

任：即任侠，意为以侠义自任、以抑强扶弱为己任。这句话与《墨子·经上》中的"任，士损己而益所为也"，是墨子关于任侠精神的代表性论述。墨家学说的核心为"义"，主张"兼相爱，自苦以为义"和"兴天下之利，除天下之害"，将"义"的利他性推广为"利天下"。墨子带领弟子穿梭于各国之间，帮助弱国抵御强国，以消弭战祸、求取和平，真正做到了"摩顶放踵利天下"以及"赴火蹈刃，死不旋踵"。《墨子·小取》将任侠行事的标准表述为"明是非，审治乱，明同异之处，察名实之理，处利害，决嫌疑"。古往今来，侠义精神包含传统道德中的忠、信、勇等元素，被作为优秀品质而薪尽火传。鲁迅说："孔子之徒为儒，墨子之徒为侠……惟侠老实，所以墨者的末流，至于以'死'为终极的目的。"

【原文】

儒以文乱法，侠以武犯禁。

————（战国）韩非：《韩非子·五蠹》

【释义】

儒生凭借文章扰乱法纪，侠客凭借武力触犯禁例。

【解读】

这段话最早提及"侠"字，并将儒侠对举而论，指出"儒"和"侠"都是社会上的不良分子，都会扰乱正常的社会秩序。韩非子对"侠"进行严厉的批评和抨击，将侠客归类为"五蠹"之一，即五大蛀虫的一种，是权贵的帮凶，强调侠客藐视王法，只要发现统治者做得不对，就会挺身而出主持正义。韩非子认为，侠客的高超武艺是权贵铲除异己的有力武器，权贵们总是依仗侠客的武力来触犯禁令，进而维护他们的利益；主人对侠客以礼相待、结以恩义，侠客则感念主人的知遇之恩而不惜以死相报；侠客重承诺、讲义气、轻生死，有时不顾君臣礼节而好逞私勇、犯上作乱，构成对君权的威胁。历代统治者对侠客的态度是，能拉拢使用最好，否则格杀勿论。

【原文】

今游侠，其行虽不轨于正义，然其言必信，其行必果，已诺必诚，不爱其躯，赴士之厄困，既已存亡死生矣，而不矜其能，羞伐其德，盖亦有足多者焉。

——（西汉）司马迁：《史记·游侠列传》

【释义】

现在的游侠，他们的行为虽然不符合正义，但是他们说话一定守信用，他们行动一定果敢，已经承诺的事情一定真诚地去做，不过分爱惜自己的躯体，去救助别人的危难困苦，即使经历过生死存亡的考验，也不夸奖他们的能力，羞于启齿炫耀他们的功德，大概也有很多值得赞美的地方吧。

【解读】

这段论述对游侠形象作了言简意赅的概括，阐明了古代游侠的人格特征和价值标准，同时为游侠鸣不平，至今仍是理解"侠"的思想基础，后世谈"侠"大多以此为源头。与这段话意思相近的是《太史公自叙》中关于《游侠列传》写作动机的说明："游侠救人于厄，振人不赡，仁者有乎；不既信，不倍言，义者有取焉。"可以说，"侠"正式走进人们的视野，归功于"史圣"司马迁。这个敢于鞭挞本朝皇帝而秉笔直书的史官，在《史记》七十二列传中专门设立《游侠列传》和《刺客列传》，破天荒地将游侠、刺客作为中心人物进行艺术塑造。《游侠列传》载有朱家、剧孟、郭解等游侠，《刺客列传》录有曹沫、专诸、豫让、荆轲等刺客。这些人物出身各异、追求有别，却共同表现为行侠仗义、豪气冲天的人格特征，具有鸣不平、轻生死、崇正义的价值取向，彰显了侠义情怀的纯粹和行侠举止的酣畅，体现了司马迁孤愤激越、超凡脱俗的叛逆精神。后来，班固追随司马迁，在《汉书》单独设有《游侠传》，除照录朱家等人的事迹外，又增加萬章、楼护、陈遵、原涉等人的侠义故事。

【原文】

墨子服役者百八十人，皆可使赴火蹈刃，死不旋踵。

——（西汉）《淮南子·泰族训》

【释义】

在墨子门下服劳役的有一百八十多人，都可以下火海、上刀山，即使面对死亡也不会后退一步。

【解读】

踵（zhǒng）：脚后跟。旋踵：旋转脚后跟，即后退，比喻不畏艰险，坚决向前。墨家的弟子和信徒有数百人，其领袖被称为钜子。钜子的职位由公认的贤者担任，墨子是墨家的第一任钜子。墨家成员称为墨者，大多来自社会下层，一律穿短衣草鞋，"串足胼胝，面目黧黑"，勤于劳动吃苦，作战勇敢。墨子及门人尽力为人们做好事，功成不受赏，施恩不图报。墨家有着严密的组织和严格的纪律。战国时期，秦国有个墨者钜子的儿子犯法，秦王顾念钜子年老而饶恕了他儿子，钜子却按照墨家律法将儿子处死。墨子及其门徒不同于普通游侠，普通游侠只要能得到酬谢或主人的恩惠，就不论什么仗都打；墨子及其门徒则不然，他们强烈反对侵略战争，只参加自卫战争。康有为指出："侠即墨也。孔、墨则举姓，儒、侠则举教名，其实一也。"显而易见，墨学是侠义精神的源头之一。

【原文】

立气势，作威福，结私交，以立强于世者，谓之游侠。

——（东汉）荀悦：《汉纪》

【释义】

树立气势，作威作福，结识私人朋友，用来在社会上逞强的人，叫做游侠。

【解读】

两汉统治者认为游侠是破坏社会的离心力量，对游侠进行多次大规模打击，以维护政权稳定。东汉史学家荀悦侍讲于汉献帝左右，深得汉献帝嘉许。汉献帝觉得班固的《汉书》难懂，便让荀悦仿照《左传》编年纪事的体例来撰写《汉纪》供他参阅。荀悦在《汉纪》中斥游侠为"德之贼"，将游侠与游说、游行并称"三游"，强调"三游"都"伤道害德，败法惑世"，不遵守礼仪纲常和等级制度，是"乱之所繇生，先王之所慎"。荀悦认为，游侠排斥宗族观念，不顾及家族利益，不孝养父母，不珍惜骨肉之情，整天与朋友宾客厮混，追求世俗名利；为了拉帮结派，不惜挥霍祖上积攒的家业，破坏了宗族制度赖以存在的物质基础。这些观点鲜明地站在统治阶级的立场，对游侠进行尖锐抨击，多为君主和士大夫所采纳。

【原文】

弃身锋刃端，性命安可怀？父母且不顾，何言子与妻？名编壮士籍，不得中顾私。捐躯赴国难，视死忽如归。

—— （三国·魏）曹植：《白马篇》

【释义】

舍身于刀山剑海，怎么会吝惜自己的生命？父母都不顾及，何况儿女与妻子？姓名已编入战士名册，就不能顾念个人私利。在国家危难的时刻牺牲生命，看待死亡就好像回家一样。

【解读】

汉代以降，游侠遭到残酷的镇压和屠戮，此后日渐式微。除了《史记》《汉书》外，再不见有关游侠的传记。但是，侠义精神始终有着巨大影响力，成为传统人格建构中的重要基石。汉代以后，咏史诗、侠义小说与戏剧开始颂扬侠义精神。在这个转变过程中，建安诗人曹植功不可没，其《白马篇》对传统侠义伦理、游侠价值取向进行改造，塑造了一个经典的游侠形象。"幽并游侠儿"是一位朝气蓬勃、行侠仗义的少年，充满理想和浪漫的色彩，其高超武艺被淋漓尽致地表现出来。更为重要的是，少年游侠的活动场所发生转换，从都市、乡村走向边塞、大漠，从过去单纯追求自身的快意恩仇提升为"捐躯赴国难，视死忽如归"的境界，体现出其舍生忘死的侠义精神和家国情怀，寄托了诗人渴望为国建功立业的雄心壮志。

【原文】

出身仕汉羽林郎，初随骠骑战渔阳。孰知不向边庭苦，纵死犹闻侠骨香。

——（唐）王维：《少年行》

【释义】

出身于汉朝的禁卫军，当初跟随骠骑将军鏖战渔阳。有谁知晓不能去边关驰骋疆场的痛苦，纵然战死也能闻到侠骨的芳香。

【解读】

骠（piào）：形容马快跑。骠骑：古代将军的名号，这里指骠骑将军霍去病，是西汉名将卫青的外甥，善骑射，用兵灵活果敢，多次统率汉军反击匈奴，立下赫赫战功，后因病去世，年仅二十四岁。仕汉、骠骑：为借汉喻唐，是唐诗惯用手法。王维参禅悟道，精晓诗书画乐，多咏山水田园诗，有"诗佛"之美誉，与孟浩然并称"王孟"。苏轼这样评价王维："味摩诘之诗，诗中有画；观摩诘之画，画中有诗。"其实，王摩诘不仅深谙山水田园诗，而且在边塞军旅诗的创作上也造诣颇深。《少年行》为组诗，共有四首，分别从不同侧面描写一群急人之难、豪侠任气的少年英雄，呈现出盛唐少侠意气风发的精神面貌。这是其中的第二首，重点描写慷慨从军、出征渔阳的豪侠少年，活灵活现地传递了少年尚义任侠、义无反顾的决心，充满强烈的英雄主义色彩。"孰知不向边庭苦，纵死犹闻侠骨香"的少年豪侠，与西晋张华所作《博陵王宫侠曲二首》中"生从命子游，死闻侠骨香"的少年剑侠，两者甘愿征战沙场、为国献身的精神是一脉相承的。

【原文】

纵死侠骨香，不惭世上英。

———（唐）李白：《侠客行》

【释义】

纵然死了，侠义之骨也清香四溢，不愧为盖世英雄。

【解读】

《侠客行》全诗为："赵客缦胡缨，吴钩霜雪明。银鞍照白马，飒沓如流星。十步杀一人，千里不留行。事了拂衣去，深藏身与名。闲过信陵饮，脱剑膝前横。将炙啖朱亥，持觞劝侯嬴。三杯吐然诺，五岳倒为轻。眼花耳热后，意气素霓生。救赵挥金槌，邯郸先震惊。千秋二壮士，烜赫大梁城。纵死侠骨香，不惭世上英。谁能书阁下，白首太玄经。"在这首古风中，"诗仙"李白高度赞扬战国时期魏国人朱亥、侯嬴协助信陵君窃符救赵的侠义壮举。对于此首《侠客行》，金庸称其"千载之下读来，英锐之气，兀自虎虎有威"，并坦言其小说《侠客行》的书名直接取自这首诗，而连贯小说首尾的也是此诗。

唐朝尚武任侠，文人也不例外，诗人陈子昂、高适、王之涣等皆有英侠之气，不过表现最充分的当数李白。李白在《与韩荆州书》中自述"十五好剑术，遍干诸侯""虽长不满七尺，而心雄万夫"。大约十八岁时，李白隐居于江油境内的大匡山，从赵蕤学习纵横术，后出蜀"仗剑去国，辞亲远游"。他游历扬州，不到一年，就散金三十余万，周济落魄公子们。游览洞庭湖时，同行友人吴指南病死，李白"若丧天伦，炎月伏尸，泣尽而继之以血"。他还任侠仗义杀过人，并作诗道："托身白刃里，杀人红尘中。当朝揭高义，举世钦英风。"李白有着强烈的游侠崇拜，自己也俨然是个游侠，剑胆琴心和侠骨柔肠是他一生从未改变的信条。李白一生仕途不济，却将孤标傲世的精神气质融入自己所写的一百多首游侠诗，才让后人有幸饱览到他内心的汪洋恣肆和天马行空！

【原文】

未知肝胆向谁是，令人却忆平原君！

——（唐）高适：《邯郸少年行》

【释义】

不知道自己的侠肝义胆在谁那里能派上用场，不由得让人回忆起礼贤下士的平原君！

【解读】

全诗为："邯郸城南游侠子，自矜生长邯郸里。千场纵博家仍富，几度报仇身不死。宅中歌笑日纷纷，门外车马常如云。未知肝胆向谁是，令人却忆平原君！君不见即今交态薄，黄金用尽还疏索。以兹感叹辞旧游，更于时事无所求。且与少年饮美酒，往来射猎西山头。"开头六句极尽邯郸少年游侠放荡不羁的生活，"未知肝胆向谁是，令人却忆平原君"二句陡转气势，描写"邯郸少年"的内心活动，揭示他们对于纵性任侠的生活感到不满足，希望为国建功立业、施展宏图大志，可这美好的愿望得不到现实社会的理解，反而遭到排斥和压制，所以不由得神游千古，怀念战国时期以善养士著称的平原君赵胜。高适在诗中以"邯郸少年"自况，看似描写少侠洒脱而抑郁的心情，实为抒发自己壮志难酬的激愤之情，奏出盛唐咏侠诗的强音。高适是唐代著名边塞诗人，与岑参并称"高岑"。

【原文】

夫侠者，盖非常人也。虽然以诺许人，必以节义为本。

——（唐）李德裕：《豪侠论》

【释义】

侠客，不是平常的人。只要对别人许下承诺，就一定把气节和正义作为根本。

【解读】

这段话反映了侠的一个重要品质，那就是守信重诺，即司马迁所说的"其言必信，其行必果，已诺必诚"。守信重诺是侠义精神的鲜明特征，也是关于"侠"的伦理观念和道德准则的核心要素。《汉书》以后，历代史家不再为侠士作传，"侠"从正统史家的视野中消失，侠客的活动不再见诸正史。在历史记载向文学创作的转化过程中，侠文学诞生了，从唐代开始兴盛。《豪侠论》是李德裕写的一篇散文，篇幅很短，却很精彩，主要阐述唐代的豪侠现象和侠义精神，主张对侠客的道德要求向儒家靠拢，为侠义小说的发展奠定了思想理论基础。唐武宗时期，李德裕拜相。李德裕执政五年，对外反击回纥，内平泽潞之乱，整顿吏治，功绩显赫。唐武宗李炎与宰相李德裕之间的君臣相知成为晚唐绝唱。范仲淹说："李遇武宗，独立不惧，经制四方，有相之功，虽奸党营陷，而义不朽矣。"

【原文】

义非侠不立，侠非义不成。

——（唐）李德裕：《豪侠论》

【释义】

没有哪一个侠客不拥有正义感，不拥有正义感就不可能成为侠客。

【解读】

首先将"侠"和"义"二者相提并论的，是李德裕。这段话提出"无侠不义，不义无侠"的观点，首次为"侠"赋予"义"的品格，突出强调"侠"的正义内涵，使"侠"更趋于道德层面的合理性。李德裕认为，在江湖世界里，"义"是侠客人生的基本信条，也是行侠的终极目标；侠客胸怀正义为先的崇高使命

感，勇于为劳苦大众的疾苦冤屈打抱不平；侠之为
侠，不仅仅在于武术的高深，更在于达到"义"的
境界，按照"义"的标准去行事、做人；不论侠客
的武功如何炉火纯青、出神入化，如果不符合世人
公认的正义要求，便不能称为侠；成就高尚人格是
习武的最高境界，一旦达到圆融之境，就实现了高
尚人格和高超武艺的完美统一；习武练功只是侠者
登峰造极的桥梁，修行光辉人格和纯洁品德才是侠
者的终极目标。李德裕在会昌年间担任宰相，辅佐
唐武宗李炎，开创会昌中兴。李商隐赞扬他"成万古
之良相，为一代之高士"。

【原文】

我最怜君中宵舞，道男儿到死心如铁。看试手，
补天裂。

———（南宋）辛弃疾：《贺新郎·同父见
和再用韵答之》

【释义】

我最爱怜你半夜拔剑起舞，说男子汉抗金北伐的
决心至死也像铁一般坚定。期盼我们大显身手，重新

统一分裂的祖国。

【解读】

这首词的全文为："老大那堪说。似而今元龙臭味，孟公瓜葛。我病君来高歌饮，惊散楼头飞雪。笑富贵千钧如发。硬语盘空谁来听？记当时只有西窗月。重进酒，换鸣瑟。 事无两样人心别。问渠侬神州毕竟，几番离合？汗血盐车无人顾，千里空收骏骨。正目断关河路绝。我最怜君中宵舞，道男儿到死心如铁。看试手，补天裂。"中宵舞：即"闻鸡起舞"。东晋祖逖与刘琨交情甚好，同被共寝，每到半夜鸡鸣，祖逖就把刘琨叫醒，一起舞剑练武，以图建功立业、复兴晋国。补天裂：典自"女娲补天"的神话故事。同父：即陈亮，字同甫。父，同"甫"。陈亮多次上书反对南宋偏安江南，痛斥秦桧奸邪，力主抗金，完成祖国统一大业。在这里，辛弃疾把好友陈亮比作祖逖。南宋孝宗淳熙十六年（1189）春天，辛弃疾将前一首《贺新郎》寄赠陈亮，不久收到陈亮的和词，辛弃疾又写了这首词赠给陈亮。此处所引的几句词，栩栩如生地描画了两个慷慨悲歌、拔剑起舞、引天下为己任的侠士形象。辛弃疾青少年时期生活在金兵占领的北方地区，二十多岁时组织一支两千多人的队伍，投奔耿京领导的农民起义军，积极抗金。宋室南渡后，辛弃疾在建康、江西、福建等地任职，多次上书主张北伐收复中原，统一国土，不但未被采纳，反而遭到压制和打击，被诬为"用钱如泥沙，杀人如草芥"等罪名，遭弹劾免职，闲居江西农村达二十年之久。南宋宁宗开禧年间，他一度出任浙东安抚使和镇江知府，不久又被弹劾落职，后忧愤成疾而死。曾经金戈铁马，胸怀热血丹心，报国壮志成空……如此林林总总，在一支汪洋恣肆的笔端侠气冲天，不经意间奏响了宋词的铿锵强音。

【原文】

水浒寨中屯节侠，梁山泊内聚英雄。细推治乱兴亡数，尽属阴阳造化功。

——（元末明初）施耐庵、罗贯中：《水浒传》

【释义】

水浒山寨中屯居着节义豪侠，梁山泊内聚集着英雄好汉。仔细推断国家大治或混乱、振兴或灭亡的气数，都属于自然规律创造化育的功绩。

【解读】

《水浒传》在"引首"所作的这首诗中将梁山英雄称为"节侠"。北宋末年，天下瘟疫盛行，哀鸿遍野，君昏吏贪，奸佞专权，以致官逼民反。以宋江为中心的农民起义军成员百川归海，聚集到"梁山泊内"的"水浒寨中"，崇尚并过着"死生相托，吉凶相救，患难相扶"的生活，一时间"哄动宋国乾坤，闹遍赵家社稷"。这群江湖豪客身怀绝技、行侠仗义，却均因家门不幸、蒙冤受屈或走投无路而被逼上梁山。一百单八将齐聚水泊梁山，竖起"替天行道"大旗，组成一个侠客集团，与压迫老百姓的统治者相对抗，反叛有违正义的封建社会秩序，试图建立一个"论秤分金银，大碗吃酒肉"的理想社会。《水浒传》历经几个世纪的不断增删和修改，有些人物、情节、观念、描述多有变动，但作为"节侠"第一要素的"义"从未动摇过。

【原文】

侠之一字，岂易言哉？自古忠臣孝子，义夫节妇，同一侠耳。

——（明）李贽：《焚书·杂述》

【释义】

"侠"这个字，难道容易说得清楚吗？从古以来，忠诚的臣子、孝顺的子女，正义的男子、守节的妇女，共同的优良品质就是侠义罢了。

【解读】

侠义精神，容易被狭隘地理解为飞檐走壁、百步穿杨的非凡绝技和路见不平、拔刀相助的英勇果敢。有人甚至错误地认为，侠客就是头脑简单、四肢发达、恃武滥行的暴徒或杀人机器。明朝泰州学派一代宗师李贽认为，侠义精神不仅存在于武侠身上，而且是一种融入政治生活和家庭生活的广义的优秀品质；讲诚信、重践诺、急人难的侠义风范，历来被华夏儿女推崇备至。因此，曹沫、蔺相如、豫让、聂政、荆轲等，都是侠义精神在不同领域的代表人物；继承和弘扬侠义文化，就要去粗取精、分明泾渭，去除"侠"概念中不轨、暴戾的含义，发掘侠义精神的闪光点，与时俱进地注入时代元素。

【原文】

寿亭侯之归汉，亦复何殊？顾杀子而行，亦天下之忍人也！

——（清）蒲松龄：《聊斋志异·细侯》

【释义】

这与关羽从曹营回归蜀汉，又有什么不同？不过细侯杀死儿子后出走，也实在是天下最坚忍的人了！

【解读】

寿亭侯：即关羽。关羽斩了袁绍大将颜良，解白马之围。曹操倍加钦敬，表奏朝廷，封云长为汉寿亭侯，铸印送关公。浙江余杭妓女细侯俊俏美丽，喜欢写诗，与私塾先生满生相识相爱，感情极为融洽。满生有一个曾经盟过誓的挚友在湖南当县令，多次邀请满生去他那里，满生因路途遥远而未能成行。为凑足替细侯赎身的费用，满生启程去湖南向好友求助，却被阴差阳错地关进监狱，和细侯失去联系。满生走后，细侯杜门不接一客。有个富商为把细侯弄到手，买通审案官员，长期关押满生，还假造满生的绝命书寄给细侯。细侯误以为满生已死，便嫁给富商，一年多后生下一子。满生昭雪出狱，托人告诉细侯真相。细侯便趁富商外出之机杀死儿子，回到满生身边。蒲松龄通过杀死亲生子这种残忍的情节，塑造了一个非常特殊的女性形象，并把这个烟花女子抬到和被尊为武圣人的关羽相提并论。汉代有个受百姓欢迎的好官叫郭汲，字细侯，后人常用"细侯"代称父母官。蒲松龄以"细侯"给她命名，可见对她的推崇程度。清代评点家何守奇把蒲松龄笔下的细侯称为"女侠"。

【原文】

真是行侠作义之人，到处随遇而安。非是他务必要拔树搜根，只因见了不平之事，他便放不下，仿佛与自己的事一般，因此才不愧那个"侠"字。

——（清）石玉昆：《三侠五义》

【释义】

真正行侠仗义的人，在任何境遇中都安然自得。不是他一定要把树连根拔起，只是因为看见了不公平的事，他的心里就放不下，好像是自己的事一样，所以才无愧于那个"侠"字。

【解读】

《三侠五义》第十三回中的这段话可谓妙语连珠，

准确而酣畅地描绘了"行侠作义之人"的心理特征。《三侠五义》系列小说，包括《三侠五义》《七侠五义》《小五义》和《续小五义》这几部情节连贯的小说，是清代白话侠义小说的代表作。《三侠五义》讲述的故事发生在北宋仁宗年间，包拯先后赴任定远县，执掌开封府，在南侠展昭、锦毛鼠白玉堂等侠义之士的帮助下审奇案、平冤狱，为国为民除暴安良，语言诙谐幽默，情节悬念丛生，高扬正义大旗，堪称长篇侠义公案小说的经典之作。《三侠五义》系列小说多写单个侠客的豪举，有时也着墨于侠客互相配合的故事。为捉拿淫贼"花蝴蝶"，韩彰、龙涛、冯七、蒋平、欧阳春等人加入追捕队伍，塑造了侠者同心协力见义勇为的良好形象。《三侠五义》还塑造了包公不畏权势、铁面无私的清官形象，与仗义疏财、扶危济困的侠士形象相得益彰。

【原文】

不惜千金买宝刀，貂裘换酒也堪豪。一腔热血勤珍重，洒去犹能化碧涛。

——（清）秋瑾：《对酒》

【释义】

为了杀敌报国，不惜高价购买锋利的钢刀，用貂皮衣服换来美酒畅饮，倍感豪情万丈。要多珍惜自己的满腔热血，将来献出它的时候化成碧绿的波涛。

【解读】

秋瑾在日本留学时购买一把宝刀后写下这首诗，大有对酒当歌、拔剑起舞的英雄气概，表现出轻视金钱的豪侠性格和舍生取义的革命精神。秋瑾自称鉴湖女侠，常以花木兰、秦良玉自喻。清德宗光绪三十年（1904），她毅然与封建家庭决裂，东渡日本寻求救国道路，并参加留日学生的革命活动。光绪三十二年（1906），秋瑾回国组织武装起义。光绪三十三年（1907），她在绍兴主持大通学堂的校务并担任督办，提倡军事训练，常骑高头大马，身穿男子服装，英姿飒爽地在街上来往。秋瑾还联络浙江武备学堂、陆师学堂师生共同举事，组织六万多人参加光复军，推徐锡麟为首领，自己任协领。因起义计划泄露，徐锡麟提前在安庆仓促起义而被捕就义。有人赶到绍兴劝说秋瑾离开绍兴，她毅然回绝。当清军包围绍兴大通学堂时，学生要秋瑾从后门离开，她断然拒绝。清军进入校内，秋瑾率学生英勇抵抗，被清军捕获。秋瑾遭到审讯时坚不吐供，只写了"秋风秋雨愁煞人"七字。六月初六凌晨四时，秋瑾在绍兴轩亭口就义，年仅三十一岁。孙中山为秋瑾亲拟一副楹联："江户矢丹忱，感君首赞同盟会；轩亭洒碧血，愧我今招侠女魂。"后来，人们将秋瑾与吕碧城合称"女子双侠"。

【现实意义】

侠义精神在志愿服务中闪光

言必信，行必果，诺必诚；十步杀一人，千里不留行；路见不平，拔刀相助；飞雪连天射白鹿，笑书神侠倚碧鸳……这些语句勾勒出一幅幅飞檐走壁、除暴安良的武侠图景，令人心驰神往。侠义精神是中华民族传统美德的刚劲骨骼，无数中华儿女为此热血沸腾、前仆后继，甚至宁愿以身相许。

雷锋出差一千里，好事做了一火车；汶川大地震发生后，志愿者义无反顾地奔向灾区；北京奥运会举办期间，面带微笑的志愿者成为优美的"中国名片"；还有青年文明号、希望工程、郭明义、徐本禹……一曲曲无私奉献的凯歌，无不发散着社会主义道德的芬芳气息。伴随改革开放而出现的志愿服务，在我国开展的时间不算太长，但发展非常迅速，目前经过规范注册的志愿者人数已经超过四千万人，引领了人人为我、我为人人的文明风尚。

党的十八大以来，习近平总书记相继给"本禹志愿服务队""郭明义爱心团队""南京青奥会志愿者"等成绩突出的志愿服务团队回信，强调要用爱心温暖需要帮助的人，努力践行社会主义核心价值观，积极向上向善，为实现中国梦有一分热发一分光，充分反映了党中央对志愿服务的高度重视，大大激励了广大志愿者的参与热情，强力推动了志愿服务的深入开展。

在各种思想相互激荡、各种矛盾相互交织、各种诉求相互碰撞的时代背景下，志愿服务产生了一些问题。有的地方出现"雷锋叔叔没户口，三月里来四月走"的运动式志愿服务，"扶不扶"的纠结考量着当事人的道德水准和全社会的价值取向，"奉献还是作秀"的质疑说明有的志愿服务动机不纯。

其实，每个中国人的心里都住着一个"侠"。奉献、友爱、互助、进步的志愿精神与尚义、助人、重诺、兼爱的侠义精神，有着很高的契合度，都蕴含公而忘私、舍己为人的利他性以及自我牺牲、助人为乐的正义感。广泛开展志愿服务活动，能够为精神文明创建活动注入新的生机，有助于激活深藏在民众心中那一个个仗义出手、豪气冲天的"侠"。

有道是"岁月流金，侠义不老"。我们应深入挖掘侠义精神的时代内涵，捕捉侠文化的闪光点，让它在志愿服务行动中散发出沁人心脾的芳香；发挥各种媒体的优势，多维度报道先进典型的感人事迹，把志愿服务精神的种子播撒到人们心田；组织敬老、助残、帮扶农民工、关爱自然等志愿服务活动，培育形成叫得响、立得住、推得开的品牌，产生明星效应，提升当地的整体文明形象；完善科学的教育培训机制，对志愿者进行系统化培训和专业性指导；提高应急救援的专业化水准，保证志愿者在应对重大自然灾害和突发事件中发挥有效作用；形成人性化的志愿服务激励机制，鼓励机关、学校和企事业单位在同等条件下优先录取和聘用有志愿服务经历的求职者，营造助人自助、好人好报的社会氛围。

"路见不平一声吼，该出手时就出手。"《好汉歌》唱的是水浒英雄的侠肝义胆和痛快淋漓。"只要人人都献出一点爱，世界将变成美好的人间。"《爱的奉献》唱出了感恩奉献、回报社会的价值观。这些歌词是对侠义精神的生动继承和升华。我们有理由坚信，志愿服务之花一定会在华夏大地争奇斗艳，成为一道展现社会主义精神文明建设的靓丽风景！

三、殉义：二者不可兼得，舍生而取义者也

【原文】

志士仁人，无求生以害仁，有杀身以成仁。

——（春秋）孔丘：《论语·卫灵公》

【释义】

怀有志气和仁爱的人，不会为了贪求生存而损害仁义，只会牺牲生命来成全仁义。

【解读】

在仁义与生命尖锐对立、只能作出非此即彼选择的情况下，儒家给出的答案是前者。春秋时期，孔子的弟子问仁义与生命发生冲突怎么办，孔子觉得没有什么犹豫的，就说了这句话。也就是说，孔圣人将"仁"视作最高原则，认为对于"志士仁人"来说，

还有比生命更宝贵的东西，那就是"仁"；"杀身成仁"，要求人们在生死关头宁可舍弃自己的生命也要保全仁义。值得一提的是，儒家强调仁爱的重要性，并不是时刻把"仁"置于生命的对立面，反而把"仁者爱人"作为其核心思想，倡导充分尊重每个人的生命和意愿，只是认为一个人身处"仁"与生命严重对峙、不可兼具的特殊境遇时，应该作出"杀身成仁"的正确抉择。后来，孟子提出"舍生取义"思想，可以说是继承和发展了孔子的"杀身成仁"思想，二者珠联璧合、相映生辉。

【原文】

苟利社稷，死生以之。

——（春秋）左丘明：《左传·昭公四年》

【释义】

如果有利于国家，个人的生死就不足挂齿。

【解读】

春秋后期，郑国名相子产上台执政后，在维护贵族利益的同时又限制他们的特权，进行自上而下的改革。子产认识到，在礼坏乐崩的社会中，单靠德政、仁政难以维护社会秩序和贵族统治，于是奉行宽猛相济的治国方略，希望通过德刑兼施的统治手段，来维持不同群体之间的利益平衡。子产将法律规范刻铸成"刑书"，使国人周知，这是针对国内政治危机和社会矛盾而推行的挽救措施。改革伊始，老百姓并不理解，并且怨气冲天，对子产进行指责和诽谤。子产便说了上面这句铮铮誓言，表明为了国家利益而甘愿献身的心迹。三年后，改革初见成效，国民对子产的态度变恨为爱，并给予衷心的爱戴。据《史记·郑世家》载，子产去世后，"郑人皆哭泣，悲之如亡亲戚"。在《论语·公冶长》中，孔子称赞子产"有君子之道四焉：其行己也恭，其事上也敬，其养民也惠，其使民也义"。后来，此语被林则徐引用并改成"苟利国家生死以，岂因祸福避趋之"。

【原文】

争一言以相杀，是贵义于其身也。故曰：万事莫贵于义也。

——（春秋末战国初）墨翟：《墨子·贵义》

【释义】

为了争论一句话而互相厮杀，这就是把正义看得比生命更可贵。所以说：一切事物没有比正义更可贵的。

【解读】

墨子在《贵义》章开宗明义地提出"万事莫贵于义"，足见其对"义"之非同寻常的重视。他在《大取》篇中说："断指与断腕，利天下相若，无择也。死生利若一，无择也。"墨子强调"摩顶放踵利天下，为之"，为了正义事业而不惜付出生命代价，具有裂裳裹足、摩顶放踵的自我牺牲精神。他富有强烈的反抗精神，非攻但不非诛，非战但不非守。"诛"类似于替天行道，"守"则为积极防御。楚国要攻打宋国，墨子一面亲自赶往楚国游说楚王，一面派其弟子三百人携带守城之具支援宋国，最终迫使楚王罢兵。现存《墨子》一书五十三篇，后十一篇论述的全部是军事战术问题。为了天下之利这个"大义"，无论"断指"还是"断腕"，墨者都会践行"万事莫贵于义"的价值观，"赴火蹈刃，死不旋踵"。

【原文】

生，亦我所欲也；义，亦我所欲也。二者不可得兼，舍生而取义者也。

——（战国）孟轲：《孟子·告子上》

【释义】

生命，也是我想要的；正义，也是我想要的。如果这两样东西不能同时得到，我就舍弃生命而选取正义。

【解读】

《孟子》中，论及"义"者共有 108 处。这段论述非常有名，是成语"舍生取义"的出处。通过这段论述，孟子强调了以下三点：第一，正如鱼与熊掌并非总是只能二者择一，"义"与"生"在很多时候可以共存并同时为我"所欲"；第二，在"二者不可得兼"的情况下，应作出"舍生而取义"的选择；第三，之所以作出为正义而安然赴死的决定，是因为在"义"与"生"发生尖锐冲突的情况下，追求正义的价值超过保全生命的价值，对不正义行为的厌恶超过对结束生命的厌恶。在这段论述之前，孟子举了一个生动的例子作为铺垫："鱼，我所欲也；熊掌，亦我所欲也。二者不可得兼，舍鱼而取熊掌者也。"在这段论述之后，孟子对"舍生而取义"的含义作了进一步阐述："生亦我所欲，所欲有甚于生者，故不为苟得也；死亦我所恶，所恶有甚于死者，故患有所不辟也。"意思是说，生命是我想要的，可我想要的还有胜过生命的东西，所以我不做苟且偷生的事；死亡是我厌恶的，可我厌恶的还有超过死亡的东西，所以有的灾祸我不躲避。孟子的"舍生取义"与孔子的"杀身成仁"，在精神实质上一脉相承、异曲同工。

【原文】

君子易知而难狎，易惧而难胁，畏患而不避义死。

——（战国）荀况：《荀子·不苟》

【释义】

品德高尚的人容易结交却难以狎昵，容易恐惧却难以胁迫，害怕祸患却不逃避为正义事业而牺牲。

【解读】

狎（xiá）：亲近而态度不庄重。荀子认为，社会上有不少人不怕死，"不怕死"包括"狗彘之勇""贾盗之勇""小人之勇"和"士君子之勇"这四种类型。荀子分别对这四种"不怕死"作了详细的阐述："争饮食，无廉耻，不知是非，不辟死伤，不畏众强，悍悍然唯利饮食之见，是狗彘之勇也。为事利，争货财，无辞让，果敢而振，猛贪而戾，悍悍然唯利之见，是贾盗之勇也。轻死而暴，是小人之勇也。义之所在，不倾于权，不顾其利，举国而与之不为改视，重死持义而不桡，是士君子之勇也。"前三种"不怕死"源自见利忘义、利欲熏心的贪婪，死于目光短浅，死得轻率鲁莽，是破坏社会秩序、有损社会安定的行为，可谓死不足惜；而第四种"不怕死"是"士君子之勇"，"士君子"不畏强权、不贪私利，为了正义而不惜舍弃生命，这种仗节死义的行为是荀子极力推崇的。

【原文】

风萧萧兮易水寒，壮士一去兮不复还！

　　　　　　　　　——（战国）荆轲：《易水歌》

【释义】

风呼呼地响啊把易水吹得彻骨地寒冷，壮士这一走啊就再也不会回来！

【解读】

荆轲是战国末期卫国人，喜好读书和击剑，为人慷慨侠义，后游历到燕国，被人推荐给燕太子姬丹。秦国攻灭赵国后，兵锋直指燕国南界，姬丹震惧，决定派荆轲入秦行刺秦王嬴政。荆轲献计太子丹，拟以秦国叛将樊於期的首级及燕国的膏腴之地督亢一带的地图进献秦王，相机行刺。姬丹不忍心杀掉樊於期，荆轲只好私见樊於期，告以实情，樊於期为成全荆轲而自刎。出发时，姬丹率众送荆轲至易水河畔，荆轲的好友高渐离击筑，荆轲高声吟唱这首荡气回肠的短歌。这首短歌渲染了秋风萧瑟、易水寒冽的愁惨之状和苍凉悲壮的肃杀气氛，表现了荆轲抱定必死决心而深入虎穴的大无畏精神。荆轲入秦后，秦王在咸阳宫隆重召见他，荆轲交验樊於期头颅，献上督亢地图，地图展开的尽头是一把匕首，荆轲拿起匕首，刺杀秦王不中，被秦王拔剑击成重伤后为秦侍卫所杀。唐代诗人骆宾王作五绝

《于易水送人》："此地别燕丹，壮士发冲冠。昔时人已没，今日水犹寒。"

【原文】

士为知己者死，女为悦己者容。

——（西汉）《战国策·赵策》

【释义】

男人愿意为赏识自己的人慷慨赴死，女人愿意为喜欢自己的人精心装扮。

【解读】

豫让是晋国人，为春秋战国时期"四大刺客"之一。豫让跻身晋卿智伯门下，受到赏识，智伯尊称他为"国士"。后来，智伯向赵襄子进攻时，赵、韩、魏三国合谋灭掉智伯，瓜分了智伯在晋国的土地。赵襄子非常痛恨智伯，就杀掉他，把他的头盖骨当作首爵，用来饮酒。豫让逃到山中，说："嗟乎！士为知己者死，女为悦己者容。吾其报智氏之仇矣！"于是，豫让改名换姓，冒充刑役之人，混进赵襄子宫中，以匕首刺杀赵襄子而未成功。豫让又用漆涂身，让皮肤长满恶疮，吞炭使嗓子沙哑，让自己变得无法辨认，然后暗伏桥下，谋刺赵襄子未遂，反为赵襄子活捉。临死时，豫让恳求赵襄子把衣服脱下并让他刺穿，以满足他的复仇心愿。赵襄子被他的义举所感动，就答应了。豫让拔剑将赵襄子的衣服连刺多次，然后自刎而死。

【原文】

儒有可亲而不可劫也，可近而不可迫也，可杀而不可辱也。

——（西汉）《礼记·儒行》

【释义】

读书人可以亲交却不可以受到劫持，可以接近却不可以受到胁迫，可以杀头却不可以受到侮辱。

【解读】

人类诞生以来就怀有对自身尊严的追求，这根源于人对自我价值的认同，根源于对社会、民族、国家的责任担当。儒者的刚毅是浸透在骨子里的，外表却温厚柔和，如同绵里裹针。《论语·微子》："不降其志，不辱其身。"《三国志·魏书》："良将不怯死以苟免，烈士不毁节以求生。"韩愈《张中丞传后叙》："不畏义死，不荣幸生。"于谦《无题》："名节重泰山，利欲轻鸿毛。"这些语句表明仁人君子崇尚"可杀而不可辱"的精神，秉承舍生取义的价值观。明代名臣王鏊也说过与此相似的话："士可杀不可辱。今辱且杀之，吾尚何颜居此？"

【原文】

天下之利比之身则小。身之重也，比之义则轻。

——（西汉）《淮南子·泰族》

【释义】

普天之下的物质利益与身体相比就太微小了。身体固然重要，可与正义相比就太轻微了。

【解读】

以孔子的"杀身以成仁"和孟子的"舍生而取义"为代表，儒家坚持正义尊于生命，重视用道义诠释人生真谛，视正义为人的最高追求，生命只是个人成就功业和实现正义理想的载体。《左传·襄公二十四年》说："'太上有立德，其次有立功，其次有立言'，虽久不废，此之谓三不朽。"隋唐时期的孔颖达在《春秋左传正义》中对"三不朽"做了界定："立德谓创制垂法，博施济众"，"立功谓拯厄除难，功济于时"和"立言谓言得其要，理足可传"。所以，儒家认为，人可以通过精神追求来延续生命直至永垂不朽，进而摆脱对死亡的恐惧。在生死观上，《淮南子》提出为义而死的主张，与孔孟思想是一脉相承的。《淮南子·修务训》吸收儒家积极入世的观念，主张"立是废非，明示后人，死有遗业，生有荣名"，认为没有生时功业就没有死后"遗业"，强调活着时应积极立功立名。《淮南子·精神训》："君子义死，而不可以富贵留也；义为，而不可以死亡恐也。""故不观大义者，不知生之不足贪也。"《淮南子》将正义价值置于个人生命之上，奉行"身之重也，比之义则轻"的理念。

【原文】

与其生而无义，固不如烹。

———（西汉）司马迁：《史记·田单列传》

【释义】

与其活着而不讲正义，固然不如受烹刑而死。

【解读】

战国时期，王蠋多次进谏齐闵王，因不为所纳而愤然辞官，退居故里，樵耕于野，以诗书自娱，过着布衣生活。东周赧王三十一年（前284），燕国上将军乐毅攻破齐都临淄，齐闵王逃走。乐毅敬慕王蠋，派使者携黄金、礼品到王蠋家中劝降，承诺加爵封赏。王蠋以"忠臣不事二君，贞女不更二夫"之语怒斥燕国使者，并表示"与其生而无义，固不如烹"，然后把脖子吊在树枝上奋力挣扎，扭断脖子而殉国。四散奔逃的齐国官员得知王蠋的义举之后感动不已，就聚集在一起，赶赴莒城，找到齐闵王的儿子，拥立为齐襄王。北宋秦观在《王蠋论》中称王蠋"足以无憾于天，无怍于人，无欺于伯夷、叔齐、比干之事"。

【原文】

人固有一死，或重于泰山，或轻于鸿毛，用之所趋异也！

——（西汉）司马迁：《报任安书》

【释义】

人固然会死的，有的人死得比泰山还重，有的人死得比鸿毛还轻，这是因为他们的追求不同啊！

【解读】

西汉武帝征和二年（前91），宫廷发生"巫蛊之祸"，太子刘据命令北军使者护军任安发兵，任安却按兵不动。事件平定后，汉武帝刘彻认为任安有不忠之心，就将任安论罪诛杀。任安在狱中写信给司马迁，希望他"尽推贤进士之义"，请能经常见到汉武帝的司马迁设法救自己。于是，司马迁写了《报任安书》这封回信。他在信中讲述自己突降横祸之不幸，坦露自己惨遭宫刑后没有轻生是为了创作《史记》，提出"人固有一死，或重于泰山，或轻于鸿毛"的生死观，用来鼓励在困境中茫然无助、彷徨失措的人，也表明自己甘愿为正义事业而甘受凌辱、坚韧不屈的心迹。同时，司马迁非常了解汉武帝，自己就尝过他暴怒的苦果，如今他一心为太子报仇，任安的死判无撤销可能，故将自己见死不救的苦衷向任安说明，并请求他原谅。在这封信中，司马迁叙述了创作《史记》的心路历程。他早年受学于董仲舒，先是继承父亲司马谈之职，任太史令，因替李陵败降之事辩解而受宫刑，出狱后任中书令。司马迁忍辱负重，苟且屈生，其实比一死了之更痛苦，更需要勇气。《史记》是我国第一部纪传体通史，记载了从上古传说中的黄帝时期至汉武帝元狩元年之间长达三千多年的历史，位列二十四史之首，被鲁迅誉为"史家之绝唱，无韵之离骚"。司马迁被后世尊称为"史迁"和"太史公"。

【原文】

我州但有断头将军，无有降将军也。

——（西晋）陈寿：《三国志·蜀书·张飞传》

【释义】

我们江州只有断头将军，没有投降将军。

【解读】

刘备军师庞统急于攻取雒城，被益州牧刘璋的部将张任伏兵乱箭射死在落凤坡。刘备修书一封，命关平下书，去荆州请诸葛亮统兵入川增援。诸葛亮接信后，命张飞、赵云兵分两路前往西川，关羽留守荆州。张飞径取汉川路，到了巴郡。巴郡太守严颜是蜀中名将，年纪虽高，精力未衰，善开硬弓，使大刀，有万夫不当之勇。严颜开始坚守巴郡城，后被张飞设计生擒，川兵倒戈投降。群刀手把严颜推上来，严颜不肯下跪。张飞叱道："为什么不投降，而敢拒敌？"严颜全无惧色，回叱道："你们无义，侵我州郡！我们这里只有断头将军，没有投降将军！"张飞大怒，让左右拖下去斩首。严颜喝道："贼匹夫！要砍头就砍，为什么发怒呢？"张飞见严颜声音雄壮，面不改色，就喝退左右，亲解绑绳，把严颜扶在正中高坐，低头便拜，说："刚才言语冒犯，请勿见怪。我素知老将军是豪杰之士。"严颜感念张飞的恩义，就投降了。《三国演义》第六十三回作诗赞叹严颜："白发居西蜀，清名震大邦。忠心如皎月，浩气卷长江。宁可断头死，安能屈膝降？巴州年老将，天下更无双。"

【原文】

友人有疾，不忍委之，宁以我身代友人命。

——（南朝·宋）刘义庆：《世说新语·德行》

【释义】

朋友生病了，不忍心抛弃他，宁愿拿我的生命来替代朋友的生命。

【解读】

东汉时期，荀巨伯的一位远方朋友生病，他前去探望。恰在此时，匈奴人来攻占他朋友所在的城郡，朋友对他说："我今天死定了，你快点离开这里吧。"荀巨伯说："我这么远过来看你，你让我回去，为了自己的生命而不顾及兄弟之义，我怎么能做出这种事情呢？"匈奴首领先期到达城郡，对荀巨伯说："我们的大军一到，整座城郡将被洗劫一空。你有什么能力阻止呢？"荀巨伯就说了上面这段话。这位首领说："我辈无义之人，而入有义之国！"于是带领手下撤退，城郡完好获救。

【原文】

大丈夫宁可玉碎，不为瓦全。

——（唐）李百药：《北齐书·元景安传》

【释义】

大丈夫宁可做玉器被打碎，也不做瓦器而得以保全。

【解读】

南北朝时期，北朝东魏的孝静帝元善见被迫让位给丞相高洋，后被毒死，元善见的儿子及其他亲属也被斩草除根。高洋登基称帝，为文宣帝，改国号为齐，史称北齐。随后，元善见的远房宗族很多被诛戮，有的远亲见状就在一起商议，想改姓高。元景皓说："岂得弃本宗，逐他姓？大丈夫宁为玉碎，不为瓦全。"意为宁愿被杀头，也不愿将自己的姓改为高。元景皓的堂弟元景安就把这番话转告给高洋，高洋便杀了元景皓，而元景安改姓高。后以"宁可玉碎，不为瓦全"来比喻宁愿为正义事业而牺牲生命，也不苟且偷安。

【原文】

汉家旌帜满阴山，不遣胡儿匹马还。愿得此身长报国，何须生入玉门关？

——（唐）戴叔伦：《塞上曲》

【释义】

大汉的旌旗在阴山到处飘扬，胡人胆敢来犯定让他有来无还。我愿意以生命长久地报效国家，为什么一定要活着进入玉门关而返回祖国呢？

【解读】

阴山：内蒙古自治区中部山脉，为中国北方天然屏障。唐太宗贞观四年（630），唐与突厥之间爆发阴山之战，唐军统帅李靖领兵出击，擒获东突厥可汗颉利，彻底击败东突厥汗国。玉门关：位于甘肃敦煌，因西域输入玉石取道于此而得名。为了抗御匈奴，联络西域各国，隔绝羌、胡等族，汉武帝在此置长城关隘。《塞上曲》一共两首，此为第二首，其中蕴涵东汉班超的典故，运用了以汉喻唐的艺术手法。班超不甘于为官府抄写文书而投笔从戎，随窦固出击北匈奴，又奉命出使西域，在三十一年时间里，平定西域五十多个国家，为西域回归、促进民族融合作出巨大贡献。东汉和帝永元十二年（100），班超因思念家乡，上书朝廷，希望"生入玉门关"，请求回国。东汉和帝永元十四年（102）八月，班超抵达洛阳，同年九月因病去世，享年七十一岁。为国家戎马一生，立下赫赫战功，老而思乡求返，本是人之常情。但是，戴叔伦在此诗中认为班超的爱国热情不够彻底，不应向朝廷提出"生入玉门关"的要求。这种观点有些不近人情，特别是用在班超身上不合适，但戴叔伦反用典故进行诗歌创作，颇有勇气和新意，也表达了自己甘愿舍身报国的拳拳之情。

【原文】

生当作人杰，死亦为鬼雄。至今思项羽，不肯过江东。

—— （宋）李清照：《夏日绝句》

【释义】

活着的时候应当做人中豪杰，死了以后也要做鬼中英雄。到今天还在思念项羽，因为他不愿意苟且偷生而退回江东。

【解读】

全诗短短二十个字，却连用多个典故，字里行间透出一股正气。汉高祖刘邦称赞开国功臣张良、萧何、韩信是"人杰"。屈原《国殇》："身既死兮神以灵，子魂魄兮为鬼雄。"江东是项羽当初随叔父项梁起兵的地方。项羽在秦末时自立为西楚霸王，与刘邦争夺天下，垓下之战兵败后来到乌江江畔，乌江亭长劝项羽赶紧渡江，项羽却觉无颜见江东父老，于是拔剑自刎而死。北宋钦宗靖康二年（1127），金兵入侵中原，砸烂赵宋王朝的琼楼玉苑，掳走宋徽宗、宋钦宗父子二帝，康王赵构被迫南逃而苟且偷安。后来，李清照的丈夫赵明诚出任建康知府，一天夜里城中爆发叛乱，赵明诚不思平叛，反而临阵脱逃。李清照路过乌江时有感于项羽的悲壮而创作此诗，暗含为国为夫感到耻辱之意。在李清照看来，项羽最壮烈的当属放弃暂避江东、知耻重义、宁死不屈的举动，这种英雄气概在宋廷南渡后尤显可贵。"千古第一才女"李清照一改"寻寻觅觅，冷冷清清"的婉约词风，写下这首慷慨激昂的五言绝句，有如兵荒马乱中的一朵奇花，在弥漫的硝烟里散发出沁人心脾的芳香，既在冰清玉洁地默默坚守，又在惊艳夺目地孤傲绽放！

【原文】

辛苦遭逢起一经，干戈寥落四周星。山河破碎风飘絮，身世浮沉雨打萍。惶恐滩头说惶恐，零丁洋里叹零丁。人生自古谁无死？留取丹心照汗青。

————（南宋）文天祥：《过零丁洋》

【释义】

早年我精通经书通过科举被朝廷起用而历尽千辛万苦，抗元硝烟散去了四个年头。国家破败残缺得好像风中飘扬的柳絮，家人生离死别后感觉自己仿佛被雨点敲打的浮萍。说起惶恐滩的惨败至今令人惶恐，在囚船上经过零丁洋时哀叹自己孤苦零丁。从古以来人哪有不死的呢？我甘愿留下一片爱国丹心映照史册。

【解读】

零丁洋：即伶仃洋，位于广东珠江口外。四周星：四周年，文天祥从起兵抗元到被俘，一共四年。惶恐滩：是江西赣江中的险滩，文天祥在江西被元军击败后经惶恐滩撤至福建。南宋帝昺祥兴元年（1278）十二月，文天祥在广东海丰五坡岭兵败被俘。此后，他吞食龙脑，还绝食八天，均未死成。与元将张弘范见面时，左右官员命他行跪拜之礼，他坚决不从。张弘范要他写信招降死守崖山的宋将张世杰，他断然拒绝，说道："我不能保护父母，难道还能教别人背叛父母吗？"因遭多次索要书信，文天祥便作《过零丁洋》，留下"人生自古谁无死？留取丹心照汗青"的诗句。这是将生死置之度外的凛然大义，也是对民族忠贞不屈的千古绝唱！张弘范看后连称："好人！好诗！"元世祖忽必烈命令将文天祥押送到元大都囚禁起来，决心劝降文天祥。文天祥的早年同窗张千载邀集十多名义士，一路尾随羁押文天祥的船队，以便见机营救。北上途中，文天祥多次投水未遂。到达燕京后，文天祥被打入水牢。期间，他收到女儿柳娘的来信，得知妻子和两个女儿都在宫中为奴，过着囚徒般的生活。其实，他只要答应投降，一家就会安然无恙。但是，他更看重民族气节，在写给妹妹的信中说："收柳女信，痛割肠胃。人谁无妻儿骨肉之情？但今日事到这里，于义当死，乃是命也。奈何？奈何……可令柳女、环女做好人，爹爹管不得。泪下哽咽哽咽。"忽必烈召他入殿，他长揖不拜，左右强逼他下跪，用金棍打伤他的膝盖，他依然不跪，并断然拒绝忽必烈邀他担任元朝宰相的许诺。忽必烈临朝叹道："文丞相，伟男子，不肯为吾用，诚可惜也！"文天祥与陆秀夫、张世杰一起，被后人尊称为"宋末三杰"。

【原文】

孔曰成仁，孟曰取义，唯其义尽，所以仁至。

——（南宋）文天祥：《衣带赞》

【释义】

孔子说"杀身成仁"，孟子说"舍生取义"，只有把正义践行到极点，仁德才会达到至高境界。

【解读】

元世祖忽必烈想用儒家思想来统治汉人，需要起用一个有威望的宋臣，就派宋朝降将劝文天祥投靠元朝，被文天祥一一痛斥。于是，忽必烈请出已投降的宋恭帝赵㬎来规劝，文天祥看见八岁的先皇，扑通一声跪倒在地，长哭不起，然后说"圣驾请回"，依然不降。忽必烈见文天祥软硬不进，决定处死他。元世祖至元十九年（1282）十二月初九，监斩官在临刑前问："丞相还有什么话要说？回奏还能免死。"文天祥喝道："死就死，还有什么可说的！"他问监斩官：

"哪边是南方？"有人给他指明方向，文天祥便躬身朝南深深三拜，说："我的事情已经完结，心中无愧了！"正如他的《扬子江》一诗中所言："臣心一片磁针石，不指南方不肯休。"忽必烈突感悔悟，诏旨停刑，当快马赶至，文天祥已在元大都柴市慷慨就义，时年四十七岁。文天祥死后，人们发现他缝在衣带中的一首诗："孔曰成仁，孟曰取义。惟其义尽，所以仁至。读圣贤书，所学何事？而今而后，庶几无愧！——宋丞相文天祥绝笔。"文天祥的早年同窗张千载以百金赎回文天祥尸首，给予妥善安葬，并密造匣盒藏其指发及文稿，历尽艰险运到文天祥的故乡庐陵富川。人的生命像一条流淌不息的河，愈是在暗礁险滩密布的河段，愈能溅起洁白晶莹的浪花。在山河破碎、民族危亡的紧要关头，文天祥始终义无反顾地竭力冲杀，丝毫不畏惧前方的万仞悬崖，为了民族大义而九死一生，奋斗到生命的最后一刻。后人回望文天祥时不禁发现，他的生命之河最后流成一袭飞奔而下的瀑布，流成一条笔直站立的银河！

【原文】

千锤万凿出深山，烈火焚烧若等闲。粉身碎骨浑不怕，要留清白在人间。

——（明）于谦：《石灰吟》

【释义】

石灰石经过千万次的锤打和凿击后从深山里开采出来，把在熊熊烈火中焚烧当作平常事。即使粉身碎骨也毫不惧怕，甘愿把一身清白留在人世间。

【解读】

于谦在十七岁时作了这首托物言志诗，以石灰自喻，抒发了在严峻考验面前大无畏的凛然正气。于谦为官廉洁正直，曾平反冤狱，救灾赈荒，深受百姓爱戴。明英宗正统十四年（1449），蒙古瓦剌首领也先大举进兵明朝，明英宗朱祁镇在宦官王振的怂恿下，不顾于谦等人劝阻，亲率大军出征。双方在京北土木堡交战，明朝军队全军覆没，明英宗做了阶下囚。"土木堡之变"以后，蒙军以朱祁镇为人质，要明朝投降，否则就杀掉英宗。有人主张献城投降以保英宗之命，于谦义正词严地说："到底国家重要，还是英宗的个人生命重要？"他亲率大军保卫京师。在此期间，明代宗景泰元年（1450），朱祁镇的弟弟郕王朱祁钰被于谦等推举为皇帝，是为明代宗。后来，于谦成功抗敌，并与瓦剌议和，也先觉得朱祁镇已经无用，就同意让朱祁镇返回燕京。朱祁钰把朱祁镇迎回京师，囚于南宫，尊为太上皇，并以锦衣卫对朱祁镇加以软禁，宫门上锁并灌铅，食物只能从小洞递入。石亨、徐有贞、曹吉祥为了自身利益，发动"夺门之变"。明英宗天顺元年（1457），朱祁镇复位。朱祁镇因于谦在"土木堡之变"时不顾及自己性命而心存芥蒂，故于重登帝座的当天传旨逮捕于谦，后石亨等人诬告于谦犯有谋逆罪，朱祁镇就杀掉于谦。可以说，《石灰吟》是于谦清白高洁人格的真实写照。《明史》称赞于谦"忠心义烈，与日月争光"。

【原文】

生比鸿毛犹负国，死留碧血欲支天。忠贞自是孤臣事，敢望千秋青史传？

——（明）张煌言：《甲辰八月辞故里》

【释义】

活着的时候像鸿雁的羽毛一样无足轻重而对不起国家，死的时候也要洒下碧血支撑祖国的一片天。忠诚不移本来就是臣子应该做的事情，怎敢奢望载入史册而被千秋万代传颂？

【解读】

青史：古代在竹简上记录历史，竹子表面有一层竹青，含水分，不易刻字，故将竹简放到火上炙烤，后人就把这个火烤的程序称为杀青，将史书称为汗青或青史。明末英雄张煌言在南京失守后，与钱肃乐等起兵抗清。后联络多家农民军，与郑成功配合，亲率部队连下安徽二十余城，坚持抗清斗争近二十年。清廷多次招降，张煌言坚决不从。清圣祖康熙三年（1664），张煌言见大势已去，就解散义军，隐居不出。是年，他在宁海县为清军所俘，被押往杭州。出发时，几千人前来送行。在辞别父老乡亲之际，张煌言写下两首诗，诗题虽为"辞故里"，而他心里十分明白此去凶多吉少。此时此刻，他抒发的不是对个人生死的贪恋，也不见半点临死之前的悲戚和恐惧，而是矢志不渝的抗清精神、为国捐躯的决绝之心和身虽死而志不移的豪壮情怀。后来，人们将张煌言与岳飞、于谦合称"西湖三杰"。

【原文】

生以载义，生可贵；义以立生，生可舍。

——（明末清初）王夫之：《尚书引义》

【释义】

生命承载了正义，生命是宝贵的；正义确立了人生的价值，所以在生命与正义的冲突不可调和时，应当舍弃生命。

【解读】

王夫之把"义"纳入其理气论的世界观和人生观中，确立"以义为命"的"义命论"，指出"将贵其生，生非不可贵也；将舍其生，生非不可舍也"，主张"生以载义"和"义以立生"，得出"生虽可贵而生可舍"的结论，从君子之"正命"的角度把"生"与"义"紧密地统一起来，继承和发展了孔子"杀身成仁"和孟子"舍生取义"的思想。他认为，在历史的某些阶段和社会生活的某些时期，肯定存在正义与生命的"二律背反"的时候，真正的仁人志士不会为了苟且偷生而抛弃正义，只会毫不犹豫地成全正义，哪怕牺牲生命也在所不惜。王夫之强调，生命的意义在于一个"义"字，这实际上消解了"生"与"义"的矛盾，使得在生死、行藏、进退、取舍的选择上只能唯"义"是从。

【原文】

苟利国家生死以，岂因祸福避趋之？

——（清）林则徐：《赴戍登程口占示家人》

【释义】

如果对国家有利，我将不顾生死。难道能因为有祸就躲避、因为有福就趋奉吗？

【解读】

"苟利国家生死以"源于《左传·昭公四年》中的"苟利社稷，死生以之。"清宣宗道光十九年（1839）四月二十二日，钦差大臣林则徐下令在虎门海滩当众销毁鸦片，历时二十三天，成为第一次鸦片战争的导火索。虎门销烟后，林则徐先后获命两江总督、两广总督。气急败坏的英军组织反扑，攻打广州城未果，便一路北上，沿途抢掠，一直打到天津大沽口，威胁北京。道光惊慌失措，派直隶总督琦善南下议和，并将林则徐撤职，降为四品。清宣宗道光二十二年（1842），林则徐被发配至新疆伊犁，从西安起程。临行前吟诗两首作别家人，展现了将个人生死置之度外的博大胸怀。这两句诗出自其中的第二首："力微任重久神疲，再竭衰庸定不支。苟利国家生死以，岂因祸福避趋之？谪居正是君恩厚，养拙刚于戍卒宜。戏与山妻谈故事，试吟断送老头皮。"在祖国面临沦为半殖民地半封建社会的紧要关头，林则徐挺身而出，坚决主张并实行禁烟，抵抗外国武装侵略。与此同时，为了国家的繁荣富强，他对西方的文化、科技和贸易持开放态度，主张学其优而用之，被称为"开眼看世界第一人"。林则徐以其不同凡响的一生，模范实现了"苟利国家生死以，岂因祸福避趋之"的誓愿。

【原文】

望门投止思张俭，忍死须臾待杜根。我自横刀向天笑，去留肝胆两昆仑。

——（清）谭嗣同：《狱中题壁》

【释义】

看到有人家就上门投宿，希望出逃的仁人志士像张俭一样受到人们保护，也希望他们像杜根一样暂且忍辱求生等待完成变法维新大业的时机。即使屠刀架在我的脖子上，我也要仰天大笑，无论生还是死，都满怀莽莽昆仑般的肝胆正气。

【解读】

张俭：东汉末年，山阳督邮张俭上书弹劾在当地作恶的宦官侯览，被侯览诬为结党营私，被迫逃亡，一路上受人保护，其投宿人家多被治罪牵连。杜根：东汉时期，郎中杜根上书要求邓太后把政权交给汉安帝刘祜，邓太后大怒，命人将杜根逮捕并装人袋中摔死，执法者同情他，让他逃过一劫。清德宗光绪二十四年（1898）四月二十三日，光绪颁布《定国是诏》，决定变法，史称戊戌变法或百日维新。同年八月初，慈禧太后发动戊戌政变，将光绪囚禁于瀛台，并开始大肆搜捕和屠杀维新派人物。康有为、梁启超出逃，谭嗣同拒绝逃走。几天后，谭嗣同在浏阳会馆被捕，《狱中题壁》是他在狱中所作。同年九月二十八日，谭嗣同、康广仁等六人被残害于北京菜市口，史称"戊戌六君子"。"望门投止思张俭"，是指身处囹圄的谭嗣同牵挂出逃的康有为等人的安危，祈祷他们像张俭一样得到拥护变法的人们的保护。"忍死须臾待杜根"，意为戊戌维新运动眼下遭到重创，但志士仁人应忍死求生，等待时机再展宏图。谭嗣同横刀仰笑、凛然刑场的非凡气度，堪与昆仑奇峰比肩并秀、同领风骚！

【原文】

汝体吾此心，于啼泣之余，亦以天下人为念，当亦乐牺牲吾身与汝身之福利，为天下人谋永福也。

——（清）林觉民：《与妻书》

【释义】

你要体谅我这种心情，在悲伤哭泣之后，心系普天下的人，应该也乐意牺牲我一生和你一生的幸福和利益，替天下人谋求永久的幸福。

【解读】

《与妻书》是"黄花岗七十二烈士"之一的林觉民写给妻子陈意映的诀别信。清宣统三年（1911）三月二十六日晚，也就是广州起义的前三天，革命党人林觉民从广州来到香港，住在临江边的一幢小楼上，夜阑人静时不能自已，给有孕在身的妻子写下诀别信，是为《与妻书》。在这封"巾短情长"的遗书中，他表达了对妻子的依依不舍："吾之意盖谓以汝之弱，必不能禁失吾之悲，吾先死留苦与汝，吾心不忍，故宁请汝先死，吾担悲也。嗟夫！谁知吾卒先汝而死乎？吾真真不能忘汝也！"同时，他又表达了"为天下人谋永福"的凛然大义："汝幸而偶我，又何不幸而生今日中国！吾幸而得汝，又何不幸而生今日之中国！卒不忍独善其身。"天亮后，林觉民将绝笔书交给一位朋友，说："我死，幸为转达。"然后，参加黄兴领导的广州起义，不幸受伤被俘。三月二十九日黄昏，林觉民在广州天字码头就义，年仅二十四岁。《与妻书》字里行间充盈浓得化不开的牵念，眷恋爱妻的绕指柔情与誓愿殉国的浩荡激情交相辉映，缠绵悱恻而又慷慨悲壮，文辞优美，感天动地，催人泪下，不愧为千古绝唱！林觉民在信中表达的"以天下人为念"的崇高品质和舍生取义的革命气度，真乃柔肠铁血、彪炳千古！

【原文】

死谏开先第一人，千秋从此解批鳞。空言盛世能旌善，坯土何曾表直臣？

——（中华民国）初元方：《关龙逢墓》

【释义】

关龙逢是历史上开以死相谏之先的第一个人，从此以后就有人敢于犯颜直谏。如果凭空妄说繁荣昌盛的时代会表扬美善，那么，这抔黄土埋葬的直言诤谏之臣什么时候受到过表彰呢？

【解读】

批鳞：古人以龙比喻君主，传说龙喉下有逆鳞，一旦被碰触，龙就会发怒而杀人，后以"批鳞"比喻敢于向君皇正谏不讳。夏朝最后一位君主夏桀弑父继位后，施行暴政，残杀忠臣良将，蹂躏黎民百姓，终日与美女妹喜寻欢作乐，导致朝政日衰。大夫关龙逢常常直言进谏，力劝夏桀收敛暴行，体恤百姓。夏桀根本听不进去。关龙逢决定以献黄图进谏。所谓黄图，就是国家地图。关龙逢想借此说明国家形势危机四伏，规劝夏桀多关心朝政。关龙逢献上黄图，说：

"古代君王讲究仁义、爱民节财，因此国家长治久安。您如此挥霍财物、杀人无度，若不改变，上天会降下灾祸。"说毕，立于朝廷不肯离去。夏桀说："你还有什么惑众妖言？"关龙逄怒目而视。夏桀便把黄图烧毁，喊来兵士把关龙逄囚禁起来，不久就将其杀害。关龙逄成为有史以来第一位因进谏而遭杀戮的忠臣。

【现实意义】

舍生取义精神高筑英雄丰碑

这是一个发生在八十多年前的故事，至今依然令人感叹不已。1928 年 3 月，夏明翰同志被叛徒出卖，不幸在武汉被捕。两天后的清晨，被敌人押送到汉口余记里刑场。行刑官问他还有什么话要说，夏明翰同志大声说："有，给我拿纸笔来！"随即写下《就义诗》："砍头不要紧，只要主义真。杀了夏明翰，还有后来人。"然后英勇就义，时年二十八岁。

"捐躯赴国难，视死忽如归。"夏明翰同志的毅然赴死坚定不移地传承了中华民族绵绵不息的舍生取义精神。据不完全统计，近代以来，约 2000 万名烈士牺牲，但目前全国有名可考并收入各级《烈士英名录》的仅有 193 万余人。

革命时期，共产党人身处龙潭虎穴，面对血雨腥风，时刻遭受死亡威胁。但是，他们不惜抛头颅、洒热血，以大义凛然的精神舍生忘死、屡建奇功，谱写了一曲曲惊天地、泣鬼神的壮丽乐章。

1927 年 4 月，北洋军阀政府将李大钊同志绞杀在西交民巷京师看守所内，他在临刑前慷慨陈词："不能因为你们今天绞死了我，就绞死了伟大的共产主义！我们已经培养了很多同志，如同红花的种子，撒遍各地！" 1930 年 10 月，杨开慧同志面对穷凶极恶的国民党长沙警备司令部"铲共队"的种种威逼利诱，大义凛然地说："砍头只像风吹过！死，只能吓胆小鬼，吓不住共产党人！" 1934 年至 1937 年，陈毅同志领导游击队进行艰苦卓绝的斗争，多次遇险，在广东韶关南雄梅关写下绝笔诗《梅岭三章》，其中的名篇为："断头今日意如何？创业艰难百战多。此去泉台招旧部，旌旗十万斩阎罗！" 1935 年 6 月的一个清晨，囚禁中的瞿秋白同志早早起床，换上洗净的衣服，泡上一杯浓茶，点上一支香烟，提笔写下绝笔诗，盘膝而坐在福建长汀罗汉岭下的草坪上，面对行刑者，微笑地点头："此地甚好，开枪吧！" 1947 年 1

月12日，国民党阎锡山军和地主武装"复仇自卫队"包围了山西省文水县云周西村，年仅十五岁的刘胡兰同志因叛徒出卖而被捕，面对锋利的铡刀斩钉截铁地说："怕死不当共产党！"

在热火朝天的建设时期和波澜壮阔的改革年代，新时代的中华儿女怀惴"为有牺牲多壮志，敢叫日月换新天"的豪迈气慨，为了国家利益和人民幸福而兢兢业业地辛勤耕耘，甚至不惜用生命为社会主义中国的强盛和腾飞添砖加瓦。

二十世纪五十年代，朝鲜内战爆发，美国实行武装干涉，中国人民志愿军开赴朝鲜战场，与朝鲜人民军并肩作战，打破美帝国主义不可战胜的神话，超过19万名中国将士壮烈牺牲。1962年8月15日，"毛主席的好战士"雷锋同志与战友准备去洗车，他下车指挥倒车，车轮打滑，碰倒一根电线杆，被击中左太阳穴而殉职。1999年5月7日，以美国为首的北约悍然使用导弹袭击中国驻南联盟大使馆，造成馆舍严重毁坏，新华社记者邵云环，光明日报记者许杏虎、朱颖三位同志不幸遇难。2004年4月14日，登封市公安局局长任长霞同志在侦破"1·30"案件的途中，遭遇车祸不幸身亡；2010年至2014年，全国公安民警因公牺牲 2129 人。

高高飘扬的五星红旗，用英烈的鲜血浸染；巍峨挺立的共和国大厦，以悲壮的牺牲奠基。纪念这些民族脊梁的时候，我们应当深沉而豪迈地说："请看浩浩长江黄河，那不是水，那是千百年流不尽的英雄血！"

第四章
义利之辨：义利之说，乃儒者第一义

　　朱熹说："义利之说，乃儒者第一义。"义利之辨，是围绕"义"与"利"之间的关系开展的辩论，也是围绕伦理道德和物质利益的关系而进行的争论，本质上是价值观之辨。义，就是正义，亦即公正合宜的道理、道德上的应当；利，就是利益，可分为国家利益和个人利益，亦即公利和私利。义利之辨，始于先秦时代的百家争鸣，之后贯穿中国思想发展史，论争的核心问题是"义"和"利"孰轻孰重。

　　义利观，就是如何看待"义"和"利"之间的关系，其涉及人与人、人与物的关系问题，涉及经济、政治、文化、哲学、伦理等多个领域，思想流派纷繁复杂。本章择其要者，将义利观主要归纳为"重义轻利""重利轻义"和"义利并重"三种，由此分三个部分，就中华传统文化经典著作中的相关名句进行学习、研究和解读。以老庄为代表的道家学派主张"绝仁弃义"和"绝巧弃利"，这种义利皆轻的观点对后世影响较小，故本章未予列入。

一、重义轻利：义，利之本也

【原文】

放于利而行，多怨。

——（春秋）孔丘：《论语·里仁》

【释义】

放任自己按照唯利是图的原则去行动，会招致很多怨恨。

【解读】

放：放任，无所顾忌。孔子认为，具有高尚品格的人不会仅仅考虑个人利益的得与失，如果每个人的所思所行都是利字当头、贪利忘义、弃义牟利，那么人与人之间的冲突就会不断加剧；反之，如果每个人说话办事都是义字当头、以义统利、以义求利，就能构建起和谐友爱的人际关系。儒家主张，"义"为正，"利"为副，以正统副；所得为合"义"之利，得而心安；所得为黑心之利，获之不妥；经商的人如果昧着良心坑蒙拐骗、制赝贩假，贪占不义之财，必然招来多方愤恨；从政者拿着人民赋予的权力徇私舞弊、贪污腐化，就会失去民众信任而受到法律制裁。

【原文】

君子喻于义，小人喻于利。

—— （春秋）孔丘：《论语·里仁》

【释义】

品德高尚的人看重正义，品德低劣的人看重利益。

【解读】

如何锤炼人的品格，是儒学关注的中心。克己修身而成就德义，是儒者的精神追求。"至圣先师"孔子一改此前以社会地位区分"君子"与"小人"的惯例，将是否看重"义"作为划分"君子"与"小人"的根本标准。做拥有正义感的"君子"，不做唯利是图的"小人"，是儒家对人的基本要求。《论语》中，"君子"与"小人"的对举共有 19 次。孔子将"义"赋予"君子"，使"义以为上"成为"君子"的价值取向；把唯利是图作为行动准则、奉行利重于义的人，就是"小人"。在中华传统文化中，人的社会地位越高，"义"的要求就越高。比如，《庄子·骈拇》："小人则以身徇利，士则以身徇名，大夫则以身徇家，圣人则以身徇天下。"

【原文】

见利思义，见危授命，久要不忘平生之言，亦可以为成人矣。

——（春秋）孔丘：《论语·宪问》

【释义】

见到利益就想到正义的要求，遇到危难就敢于献出生命，长久穷困却不忘记平日的誓言，也就可以成为完美的人了。

【解读】

"见利思义"是传统儒家处理义利关系的基本准则，也是中华民族传统美德。在《论语·季氏》中，孔子说："君子有九思：视思明，听思聪，色思温，貌思恭，言思忠，事思敬，疑思问，忿思难，见得思义。"意思是说，品行高洁的人在九个方面用心思考：看要思考明亮，听要思考聪敏，脸色思考温和，容貌思考谦恭，说话思考忠诚，做事思考敬业，疑难思考询问，发怒思考后患，见到利益思考正义。"见得思义"与"见利思义"一样，都含有"义然后取"之意。所以，孔子不是一味地反对追求利益，而是指见到利益时要作理性思考，想一想符不符合正义的标准，该取的可以取，不该取的就不能占为己有，应做到有节有度。品行端正的人在利益诱惑甚至生死考验面前，坚持以义为重，勇于舍个人之小利，求国家之大义。与"见利思义"截然相反的是"见利忘义"，为儒家所鄙视和逐弃。

【原文】

君子义以为质，礼以行之，孙以出之，信以成之。

—— （春秋）孔丘：《论语·卫灵公》

【释义】

品质优秀的人以正义作为基本品质，以礼义的要求践行它，以谦逊的言语表达它，以诚实的态度完成它。

【解读】

孙：同"逊"，谦逊。孔子认识到，春秋时期的统治阶层尸位素餐，依靠手中的权力巧取豪夺，导致天下走向无道和野蛮。因此，他想为统治者贴上"义"的标签，试图将其从贪得无厌的泥潭中拔出来，使社会回到"天下有道"的文明状态。他强调"义以为质"，主张"义"应成为"君子"的内在品质、行为尺度和价值标准。孔子认为，对于"君子"来说，凡是合乎正义的事情，就努力去做；凡是违背正义的事情，就坚决不做。孔子的愿望很"丰满"，可现实是非常"骨感"的。他周游列国十几年，并没有争取到多少实现理想的机会。在这种情况下，孔子只能自由地思想，教育好他的"三千弟子，七十二贤人"，却无法使当权者采纳他的主张并应用于治国理政实践。

【原文】

君子义以为上。君子有勇而无义为乱，小人有勇而无义为盗。

——（春秋）孔丘：《论语·阳货》

【释义】

对于品德高尚的人来说，正义是最可贵的。品德高尚的人如果只有勇气而没有正义，就会造反作乱；品德低劣的人如果只有勇气而没有正义，就会盗窃抢劫。

【解读】

在战乱频仍、礼崩乐坏的春秋时期，孔子意识到，在现实政治生态中确立"义"的原则规范和指导地位，几乎是不可能的。季康子向他请教："如杀无道，以就有道，何如？"孔子回答："子为政，焉用杀？子欲善而民善矣。君子之德风，小人之德草，草上之风，必偃。"季康子问能不能杀掉无道的人来成全有道的人，孔子主张"义以为上"，反对使用暴力，认为"君子"的品德好比风，"小人"的品德好比草，风吹到草上，草一定会跟着倒掉。孔子之所以不厌其

烦地论述"君子"和"小人"的区别，就是想通过教
化促进人的修养提高，使"义"成为"君子"的追
求，形成文质彬彬的"君子"群体，依靠这个群体
"行义以达道"，进行"义"文化的传承与普及，最终
使"义"根植于统治者和劳苦大众的心灵深处。

【原文】

义，利之本也，蕴利生孽。

——（春秋）左丘明：《左传·昭公十年》

【释义】

正义，是利益的根本，积聚利益就产生妖孽。

【解读】

孽（niè）：邪恶，罪恶。重义轻利、先义后利，
是儒家思想的内核。《左传·僖公二十七年》亦云：
"德义，利之本也。"《左传》认为，人们追求利益的
行为不能肆无忌惮，必须受到一种为人们所公认的
社会行为准则的制约，这就是"义"；应把"义"作
为利益取舍的尺度，以正义原则来调节各种利益冲
突；"义"是实现"利"的前提和保障，只有循义而

行，才能实现根本利益和长远利益。《吕氏春秋·无义》中也有类似的观点："义者，百事之始也，万利之本也。"

【原文】

居利思义，在约思纯，有守心而无淫行。

——（春秋）左丘明：《左传·昭公二十八年》

【释义】

得到利益时想到正义要求，身处困难时想到保持纯正，有坚守正义之心而没有放纵行为。

【解读】

居利思义，即临财不苟得，是儒家义利观的基本观点。具体来说就是，既承认人追求利益的合理性，又强调正义是追求利益的价值规定；重视精神追求而将其置于物质利益之上，维护整体利益而将其置于个体利益之上，肯定欲利的合理性而将其置于正义的监督之下。春秋时期，义利关系未表现出明显对立，"义"被认为是"利"的来源，如"义以生利""义以导利"和"义以建利"；利人、利民、利公、利国、利天下，在儒学视野中都属于正义行为。

【原文】

夫义者，利之足也。贪者，怨之本也。废义则利不立，厚贪则怨生。

——（春秋）左丘明：《国语·晋语二》

【释义】

正义，是获取利益的基础。贪欲，是产生怨恨的根源。废弃正义，利益就建立不起来；贪欲加深，怨恨就会萌生。

【解读】

春秋时期，里克善于带兵，成为晋献公东伐西讨、南征北战、开疆拓土的得力助手。晋献公生三子，即申生、重耳和夷吾。申生按周礼制度被立为太子。后来，晋献公伐骊戎得两姊妹，骊姬生奚齐，其妹少姬生卓子。骊姬受宠，欲立己出的奚齐为太子。在骊姬的影响下，晋献公决心废黜申生，就将申生、重耳、夷吾发配到边疆。骊姬与人合谋陷害申生，威逼大臣里克勿加干涉，里克不为所动。第二天，里克便不上早朝。骊姬加快陷害申生的脚步，申生无奈自杀。申生的死刺激了里克，里克决心除掉骊姬一党。晋献公弥留之际，拜大夫荀息为相国，主持朝政。荀息遵照晋献公的遗命，奉奚齐为晋侯，骊姬为国母。以里克为首的诸公子党羽准备除掉奚齐。里克拉拢大夫丕郑行废立之举，问："三位公子的党羽将要杀奚齐，你打算怎么办？"丕郑说："我帮你一起行动，联络秦国动摇奚齐的势力。到时拥立能力弱的人做国君，我们可以获得重酬，不让能力强的人回到晋国。晋国还能是谁的天下？"于是，里克说了这段话，阐明先义后利的基本观点。丕郑欣然接受，协助里克杀了奚齐、卓子和骊姬。

【原文】

王亦曰仁义而已矣，何必曰利？

—— （战国）孟轲：《孟子·梁惠王上》

【释义】

大王只说仁义就行了，为什么一定要说利益呢？

【解读】

梁惠王一见到孟子，就问："你不远千里而来，有什么有利于我们国家的高见吗？"孟子以上面这句话为中心意思作答并进行展开，提出"上下交征利而国危矣"的观点。孟子说："大王说'怎样做会有利于我的国家？'大夫说'怎样做会有利于我的家庭？'老百姓说'怎样做会有利于我自己？'如果都这样，结果就是上上下下互相争夺利益，国家就危险了啊！"孟子继承和深化孔子创立的儒家学说，提出很多发展和修正性主张。在义利观上，孟子全面否定"利"而推行"义"。"何必曰利"直接表明"义"的至高无上地位，彻底否定了"利"存在的必要性。这种偏激的义利观与孟子所处的战国时期有关，当时诸侯国之间战乱频繁，商业往来活跃，社会矛盾较孔子所处的春秋末期大大加深了。孟子说："义，人之正路也。"他对国家和个人为牟取私利而不择手段的行为感触深切，便毫不犹豫地痛斥之，强调用"仁义"进行改造。如果说孔子的义利观相对来说较为全面而较难操作，那么，孟子的义利观更加符合秦汉大一统的治国方略，因此被封建统治者不断推崇。

【原文】

先义而后利者荣，先利而后义者辱。

——（战国）荀况：《荀子·荣辱》

【释义】

先讲正义而后求利益是光荣的，先求利益而后讲正义是可耻的。

【解读】

荀子认为，对待义利关系的方式有两种，即"先义而后利"和"先利而后义"。他把"利"视为"私"，指出如果大家都从私利出发，势必导致巧取豪夺而违反"义"的规定。基于这种认识，荀子否定"先利而后义"的行为，并从道德上加以批评，告诫人们如此行事的危害性，进而阐述"先义而后利"的行为对个人、社会和国家都是有益的。他对弃义谋利的行为深恶痛绝，强调"保利弃义，谓之至贼"，要求所有社会成员争做"利少而义多"的事。荀子说："良农不为水旱不耕，良贾不为折阅不市，士君子不为贫穷怠乎道。"意思是说，好的农民不因为旱灾就不耕种，好的商人不因为亏损就不做买卖，士人君子不因为贫困穷苦就对道义有所怠慢。

【原文】

不学问，无正义，以富利为隆，是俗人者也。

—— （战国）荀况：《荀子·儒效》

【释义】

不勤学好问，没有正义感，仅仅把财富和利益作为追求的目标，这就是庸俗的人。

【解读】

此为"正义"一词在古典文献中最早的出处，强调不学无术、不讲正义、唯利是图的人就是"俗人"。荀子认为，如果读书人一味地顺从品德低劣的人，乐于吹捧显贵者，甘愿当他们的奴仆，就属于"俗儒"。和孔孟一样，荀子也强调博学、修身、正己的重要性，要求"士君子"要"博学而日参省乎己"，"率道而行，端然正己"。荀子说："君子耻不修，不耻见污；耻不信，不耻不见信；耻不能，不耻不见用。"意思是说，品德优良的人以不修身养性为耻辱，不以被玷污为耻辱；以不守信用为耻辱，不以不被信任为耻辱；以没有才能为耻辱，不以不被重用为耻辱。能否内修律己、守护正义，是荀子区分"俗人"和"大儒"的重要标准。

【原文】

不能以义制利，不能以伪饰性，则兼以为民。

——（战国）荀况：《荀子·正论》

【释义】

如果不能用正义制约私利，不能用后天学到的知识来改造恶的本性，就不适合从政而只能成为平民。

【解读】

伪：人为，指后天学到的知识。饰：整顿，纠正。荀子继承和发展儒家义重于利的思想，开创性地提出"以义制利"的义利观。在他看来，出于人之本性的功利心和贪婪性，"虽为守门，欲不可去"，"虽为天子，欲不可尽"。为此，荀子强调充分发挥礼义道德的教化作用，使人的逐利之心敌不过好义之心。所谓"以义制利"，就是发挥"义"对"利"的克制作用，让"义"主导"利"而占据统帅地位。荀子认为，礼义教化是约束邪恶人性的重要手段，起着维护社会秩序、协调人际关系的作用，可以促进人心凝聚、社会稳定和国家富强；能"以义制利"就有公正之心，能"以伪饰性"就有祛欲之能，这是为官从政的两个基本素养。

【原文】

义者，心之养也；利者，体之养也。体莫贵于心。故养莫重于义，义之养生人大于利。

——（西汉）董仲舒：《春秋繁露·身之养重于义》

【释义】

正义，可以滋养心灵；利益，可以滋养身体。身体没有心灵尊贵。所以最需要滋养的莫过于正义，正义滋养人的价值远大于利益。

【解读】

以"正其谊不谋其利，明其道不计其功"的观点为代表，董仲舒坚持重义轻利的价值观。他指出，"义以养其心"，"利以养其体"，二者各有所用、不可或缺；因为"体莫贵于心"，所以"养莫重于义"，二者相比之下，显然义重于利；既然心贵于体，养心之义就贵于养体之利。在这段话的后面，他说："夫人有义者，虽贫能自乐也。而大无义者，虽富莫能自存。吾以此实义之养生人，大于利而厚于财也。"通过"有义虽贫"与"无义虽富"的比较，重申"义之养生人大于利"的结论。他还说："天之为人性命，使行仁义而羞可耻，非若鸟兽然，苟为生，苟为利而已。"这就意味着，人之为人而非鸟兽，就是因为人有"义"而不是仅仅"为生"与"为利"。董仲舒还对贪官污吏见利忘义的行为给予无情揭露，要求统治者"重仁廉而轻财利"。在他看来，暴政、苛捐杂税、荒淫无度等一切恶行，都源自"弃义贪财，轻民命，重货赂，百姓趣利，多奸轨"；贪官污吏之所以"去理而走邪"，是因为"亡义而徇利"。

【原文】

夫仁人者，正其谊不谋其利，明其道不计其功。

——（东汉）班固：《汉书·董仲舒传》

【释义】

有仁爱的人，端正义德而不谋取利益，明达道义而不计较功利。

【解读】

谊：同"义"，正义，道义，义德。"正其谊不谋其利，明其道不计其功"，用不同的文字表达了相同的意思，是董仲舒义利观的代表性论断，在我国义利思想发展进程中影响深远。董仲舒坚持重义轻利的基本观点，指出"凡人之性，莫不善义"，"利者，盗之本也"，主张扬正义、施仁政。江都王刘非"素骄，好勇"，喜欢建造宫室，劳民伤财。董仲舒在扬州担任江都相期间，规劝刘非恪守为臣之道，提出"正其道不谋其利，修其理不急其功"的建议。班固在《汉书·董仲舒传》中将其润色加工，即为"正其谊不谋其利，明其道不计其功"。后人引用班固的表述更多。"正谊不谋利，明道不计功"，实质上就是"取义舍利"，绝对地坚持正义而拒绝功利，截断了"义"范畴在社会实践活动中转化成"利"的可能性。这个非常绝对的论断将动机和目的完全割断，只注重动机的纯洁性，根本不顾及结果的功利性，将"义"和

"利"进行了彻底分离。扬州的北柳巷有个董子祠，
堂上悬有"正谊明道"的匾额。

【原文】

大凡出义则入利，出利则入义。天下之事，惟义
利而已。

————（北宋）程颢、程颐：《二程遗书》

【释义】

一般来说，离开正义范畴就进入利益范畴，离开
利益范畴就进入正义范畴。天下的事，只有正义和利
益罢了。

【解读】

在这段话中，"二程"提出"出义入利"和"出利
入义"的伦理价值模式，强调"义"和"利"是对立、
相斥的，即有"义"则无"利"、有"利"则无"义"，
二者非此即彼、互相消长，义利关系被视为水火不容。
同时，"二程"又认为，二者在一定条件下可以统一起
来。他们在解释《周易·乾·文言》中的"利者，义
之和"和"利物足以和义"时说："利者，和合于义

也。"他们还说："和于义，乃能利物，岂有不得其宜而能利物者乎?"从这个解释可以看出，"二程"眼中的义利虽然可以统一，却是有条件的，即"义"先而"利"后，有"义"必有"利"，没有"义"就没有"利"。

【原文】

夫利和义者，善也；其害义者，不善也。

——（北宋）程颢、程颐：《二程集》

【释义】

利益符合正义原则，就是善良的；利益损害正义原则，就是不善良的。

【解读】

"二程"继承儒家重义轻利的观点，表现了较高层次的道德要求。他们置"义"于首位，把为他人和社会尽义务放在享受个人权利的前面，强调为了公利必须牺牲个人利益，一个人能做到去利为义、去私为公，就具有高尚的品德。在"二程"看来，"利"分为"和义"和"害义"两种，分别产生"善"与"不善"两种结果。与此语相类似，"二程"说："利非不善也。其害义，则不善也；其和义，则非不善也。"他们认为，"利"具有双重性，是"和义"还是"害义"，是"善"还是"不善"，关键在于是否"得其宜"；如果"得其宜"，就一定能"利物"。这样，"义"和"利"就统一起来了。他们还说："圣人以义为利，义安处便为利。"

【原文】

若又以义为后而以利为先，则不弑其君而尽夺之，其心未肯以为足也。

——（南宋）朱熹：《孟子集注》

【释义】

如果一个人把正义放在后面而把利益放在前面，那么，这个人不杀掉君主而篡夺全部的权力和钱财，他的欲利之心就一定不会得到满足。

【解读】

弑（shì）：臣杀死君主或子女杀死父母。此语为朱熹对《孟子·梁惠王上》中"苟为后义而先利，不夺不餍"所作的注解，指出先利后义的贪婪必然导致恶果。朱熹的义利观主要形成于他对儒家经典的注解和阐发，以及对"二程"等前辈和同时代理学家相关论点的集注与辨析。因此，他的义利思想既延续了儒家学说精髓，又颇具时代特色和创新精神。作为儒学的集大成者，朱熹认为，"义"即"天理""公"和"善"，"利"则是"人欲""私"和"恶"；"善善恶恶为义"，人们应当好善驱恶、善恶分明，具备正确的是非观念。他主张义本利末、循义必利，强调正义对于利益的绝对重要性，把义利关系视作"头尾关系"，应坚持先义后利，若反过来，就会造成严重危害。

【原文】

圣贤千言万语，只是教人存天理、灭人欲。

——（南宋）朱熹：《朱子语类》

【释义】

圣人先贤说过很多至理名言，无非是教育人们要保存天理、消灭欲望。

【解读】

天理：宋代理学家认为封建伦理是客观存在的道德法则，就称之为天理。"二程"说："人心私欲，故危殆。道心天理，故精微。灭私欲则天理明矣。"朱熹说："孔子所谓'克己复礼'，《中庸》所谓'致中和''尊德性''道问学'，《大学》所谓'明明德'，《书》曰'人心惟危，道心惟微，惟精惟一，允执厥中'，圣贤千言万语，只是教人明天理、灭人欲。"朱子哲学思想以"存天理，灭人欲"为核心，强调"存理灭欲"为儒学精髓，属于自我修养、复归本心的道德范畴，统治者也必须遵从。"人欲"在这里不是指人的正当欲望，而是指超出合理要求、违反社会规范的私欲。宋明理学家主张"以义至上""弃利"，肯定"义"的绝对地位，否定"利"的合理性，将"义"和"利"、"天理"和"人欲"看作针尖对麦芒的关系。不过，朱熹极力宣传"去人欲，存天理"，实际上把自己说过的"人不得无利"否定了。

【原文】

人之一心，天理存则人欲亡，人欲胜则天理灭，未有天理人欲夹杂者。

——（南宋）朱熹：《朱子语类》

【释义】

一个人的心中，天理存放下来，欲望就会消亡；欲望旺盛，天理就会消亡；没有人能在心里同时存放天理和欲望。

【解读】

朱熹继承董仲舒"正其谊不谋其利，明其道不谋其功"的思想，通过理欲之辨作了进一步发挥。他说："但只要向义边一直去，更不通思量第二著。"朱熹强调用理性约束个体的感性情欲，使人服从于社会通行的道德规范。这段话将"天理"与"人欲"尖锐地对立起来，并将其发展到极致和顶峰，把属于社会伦理的"天理"看作独立于人之外的存在，暴露了朱熹"存天理、灭人欲"在理论上的缺陷。清代戴震猛烈批判宋明理学，认为"酷吏以法杀人，后儒以理杀人"。当然，这并不是朱熹提出"存天理、灭人欲"的初衷。

【原文】

君子小人之大辨，人禽之异，义利而已矣。

——（明末清初）王夫之：《宋论》

【释义】

品德高尚的人与品德低劣的人之间最大的不同，人与禽兽的差别，就在义利观罢了。

【解读】

与此语相类似，王夫之在《读通鉴论》中指出："天下之大防二，而其归一也。一者，何也？义利之分也。"船山先生坚持"义之必利"和"离义而不得有利"的观点，把对待义利关系的态度看成区分"君子"与"小人"、人与禽兽的标准，认为"义者，是之主；利者，非之门也。义不系于物之重轻，而在心之安否"。他还说："出乎义而入乎害，而两者之外无有利也。"意即，只有坚持正义才能带来利益，背离正义不可能得到利益。他批评盲目求利的"小人"，强调"利于一事则他之不利者多矣"，"利于一时则后之不利者多矣，利于一己而天下之不利于己者至矣"。王夫之身处明末乱世，中秀才后正想进京赶考，神州大地却已遍地烽火。很快战乱波及衡阳，张献忠慕名请王夫之当幕僚，王夫之不从，张献忠命令捉住王夫之的父亲进行胁迫，王夫之用利刃刺伤身体和面部，前往军营接回父亲。此后，他募集义士，举兵抗清，起义失败后投奔南明政权，却被佞臣陷害而几陷大狱，为逃避追捕而九死一生。后来，他在衡阳石船山下隐居，始终以大明士子自居，不剃发，不论下雨天晴，出门必打伞、穿木屐，以示"头不顶清朝天，脚不踏清朝地"。王船山七十一岁时，清廷官员前来拜访，想赠送些吃穿用品。王船山认为自己是明朝遗臣，既不接见这位官员，也不接受礼物，并写了一副对联："清风有意难留我，明月无心自照人。"

二、重利轻义：吾所谓利者，义之本也

【原文】

仓廪实则知礼节，衣食足则知荣辱。

—— （春秋）管仲：《管子·牧民》

【释义】

粮仓储备殷实，人们就懂得礼义和气节；衣服食品丰足，人们就知晓光荣和耻辱。

【解读】

廪（lǐn）：粮仓，也指粮食。这句话体现了管仲的"利以生义"思想。管仲是春秋时期的法家代表人物，主张先有物质生活、后有精神生活，认为物质生活的富足会提升精神生活的质量。他辅助齐桓公治理国家，从政治、经济、军事等方面进行一系列改革，使齐国走上富强的道路，帮助齐桓公成就"九合诸侯，一臣天下"的伟业而雄居"春秋五霸"之首。管仲坚持农、工、商并举，以改善百姓生活。他认识到经济与礼义之间相辅相成的关系，那就是，百姓衣食无忧就会遵守礼法，否则，就会为了生存而偷窃抢盗，破坏社会安定团结。管仲认为，"仓廪""衣食"属于"利"的范畴，"礼节""荣辱"属于"义"的范畴，"义"的产生必须以"利"为前提条件。司马迁在《史记·管晏列传》中引用这句话时，将两个"则"字改成"而"字，即"仓廪实而知礼节，衣食足而知荣辱"。

【原文】

故利之所在，虽千仞之山无所不上，深源之下无所不入焉。

——（春秋）管仲：《管子·禁藏》

【释义】

所以利益存在的地方，即使是非常高的山也没有攀登不上去的，即使是非常深的水也没有进不去的。

【解读】

仞（rèn）：古时八尺或七尺叫做一仞。管仲提出与儒家贵义贱利思想大相径庭的义利观，指出"凡人者莫不欲利而恶害"，人的本性就是趋利避害。这句话以生动的比喻表明，人们为了获取利益，会不畏山高水深，克服一切艰难险阻。为了论证"故利之所在，虽千仞之山无所不上，深源之下无所不入焉"这个结论，管仲在此语之前举了两个形象生动的例子："夫凡人之情，见利莫能勿就，见害莫能勿避。其商人通贾，倍道兼行，夜以续日，千里而不远者，利在前也。渔人之入海，海深万仞，就波逆流，乘危百里，宿夜不出者，利在水也。"管仲充分认识到，物质利益对于人具有无限诱惑力，人们日夜辛勤劳动，其动力不外乎一个"利"字；聪明的统治者只要准确把握了人逐利的天性，就抓住了"御民之辔"，就会使百姓"不引而来"地服从他们的统治。

【原文】

吾所谓利者，义之本也；而世所谓义者，暴之道也。

——（战国）商鞅：《商君书·开塞》

【释义】

我所说的利益，是正义的根本；而世人所说的正义，是暴乱的原因。

【解读】

商鞅作为法家代表人物，在义利观上反对孔子的"义以为上"，赞成管仲的"仓廪实则知礼节"，鲜明地主张重利轻义。他不仅不同意儒家的"义本利末"思想，而且将《左传》"义，利之本也"的观点彻底颠覆，提出"利者，义之本也"的命题，重新设置"义"和"利"的关系，强调"利本义末"的观点，认为"利"是"义"的基础和根本。他还讲过："礼乐，淫佚之征也；慈仁，过之母也。"在商鞅眼里，人的本性是趋利畏罪的，道义是罪恶之源。因此，他在施政时抛弃儒家仁政思想，提倡贵利贱义，在变法过程中以奖励耕战、富国强兵为根本国策，制定严酷刑法，奉行"取利得功"和赏罚分明的原则，以重刑厚赏的方式进行治国理政。

【原文】

民之于利也，若水之于下也，四旁无择也。

——（战国）商鞅：《商君书·君臣》

【释义】

人民对利益的追求，好比水向低处流一样，是没有其他选择的。

【解读】

商鞅把追求利益看作人的自然本性和共同欲望，充分肯定人的利益诉求的正当性，认为人的私利之心难以用仁义道德进行引导。从人性的"好利恶害"出发，他主张"以法制利"，否定"义"的功效，夸大利益和刑罚的作用，用体现公利原则、规定公私界限的"公法"制约私欲，从而调整公利和私利之间的关系。商鞅认为，只讲正义而不重利益的行为是有害的，如果人们没有趋利之心，积极性就很难调动起来，国家就会灭亡；用严刑峻法来治理国家，百姓就会畏惧而不敢为非作歹；百姓不为非作歹，社会就不会混乱，国家就能长治久安。

【原文】

杨子取为我，拔一毛而利天下，不为也；墨子兼爱，摩顶放踵利天下，为之。

——（战国）孟轲：《孟子·尽心上》

【释义】

杨朱主张"为我"，即使拔一根汗毛就有利于天下，他也不做；墨子主张"兼爱"，即使从头顶到脚跟都磨伤却能有利于天下，他也会去做。

【解读】

这是成语"一毛不拔"和"摩顶放踵"的出处。墨子和道家杨朱学派的创始人杨朱的思想迥异，有

"天下之言不归杨则归墨"的说法。杨朱反对墨子的"兼爱"，奉行"贵己""重生"和"人人不损一毫"，重视个人生命的保存，反对他人对自己的侵夺，也反对自己对他人的侵夺。杨朱强调重利轻义，陷入极端利己主义的漩涡，主张不顾一切地追求个人享乐，遭到高举仁义大旗的孟子的激烈批评。孟子"何必曰利"观点的形成和深化，与其斥责杨朱高度利己主义观点有着密切关联。与杨朱相反，墨子说："义，志以天下为芬，而能利之，不必用。"意即，"义"是立志把天下的事当成自己的份内之事，兼利万民，没必要考虑自己是否被重用。更可贵的是，他以实际行动来践行自己倡导的"兼相爱，交相利"，表现出强烈的苦行意志和自我牺牲精神。庄子赞扬墨者"多以裘褐为衣，以跂蹻为服，日夜不休，以自苦为极"。孟子对杨墨二人的主张均持批判的态度，他说："杨子为我，是无君也；墨子兼爱，是无父也；无父无君，是禽兽也。"但是，孟子非常认可和尊重墨子"摩顶放踵利天下，为之"的理念和行动。

【原文】

　　夫有施与贫困，则无功者得赏；不忍诛罚，则暴乱者不止。

————（战国）韩非：《韩非子·奸劫弑臣》

【释义】

施舍贫穷困苦的人，没有功劳的人就会得到赏赐；不忍心诛戮和惩罚，暴虐和骚乱的人就会层出不穷。

【解读】

在这段话之前，韩非对通常所说的"仁义"和"惠爱"作了解释："夫施与贫困者，此世之所谓仁义；哀怜百姓不忍诛罚者，此世之所谓惠爱也。"也就是说，施舍贫穷困苦的人，这就是世人所说的仁义；垂哀怜悯老百姓而不忍心杀戮和惩罚，这就是世人说的惠爱。韩非子坚持性恶论，否定伦理道德的作用，是法家学派的重要代表和法家思想的集大成者。他强调，趋乐避苦是人的本性，人是自私的，都以"计算之心"相待，将"利之所在"作为唯一动机和动力，没有道德良心可言，企图用仁义道德来调节人际关系是无济于事的。韩非认为，儒家的先义后利思想不能禁止现实中的邪恶行为，反而会破坏自食其力原则；行仁义，就是赏罚不分、是非不辨，不利于国富民强，会导致国家贫穷没落；必须放弃所谓的仁义之举，转而利用法规制度来惩恶扬善，借助刑罚的威慑力量来促使人们遵纪守法、弃恶从善。

【原文】

舆人成舆，则欲人之富贵；匠人成棺，则欲人之夭死也。

——（战国）韩非：《韩非子·外储说左上》

【释义】

造车的人制造车辆，就希望别人富裕尊贵；木匠制造棺材，就希望别人早死。

【解读】

接着这个论断，韩非子分析了原因："非舆人仁而匠人贼也，人不贵则舆不售，人不死则棺不卖，情非憎人也，利在人之死也。"意思是说，这并不是因为造车的人仁义而木工邪恶，因为别人不富裕尊贵，车就卖不出去，别人不早死，棺材就卖不出去，木匠这么想不是憎恨别人，而是因为其利益建立在别人死亡的基础上。作为荀子的学生，韩非子进一步发挥荀子性恶论的主张，并将人性中最阴暗的一面暴露出来。他认为，人是极端自私的，人类的一切社会关系，包括父子关系在内，都是互相利用的关系。战国时期，个体经济迅速发展，法家思想是顺应社会变革的显学，也是当时在政治上独占优势的学派，在历史发展进程中发挥了重要作用。但是，以韩非为代表的法家学者主张放纵私心、鼓励贪欲，重视人的动物本能而忽视人的社会属性，在很大程度上损害了人际关系，破坏了伦理道德秩序。

【原文】

渊深而鱼生之，山深而兽往之，人富而仁义附焉。

——（西汉）司马迁：《史记·货殖列传》

【释义】

水深了就有鱼生存，山林深了就有野兽前往，人富有了就心怀仁义。

【解读】

太史公司马迁的义利思想极为丰富深刻，蕴涵尚义、重利、义利并重等立场不同的观点，可谓兼容并包、丰富多彩，充分体现了《史记》"究天人之际，通古今之变，成一家之言"的创作主旨。司马迁推崇并发展管仲的"利以生义"论，把求利求富界定为人的天生性情，认为用于教化的妙论再多也徒劳无益，最好的对策是让人们富裕起来。他说："礼生于有而废于无。故君子富，好行其德；小人富，以适其力。"意为，礼义产生于富有而废绝于贫困。所以品德高尚的人富有了，就会施行仁德；普通百姓富有了，就会把力量用在适当的地方。由此，得出"人富而仁义附"的结论。司马迁与管仲在义利问题上的观点基本一致，《史记·管晏列传》的字里行间充满对管仲发展经济生产、创造社会财富的赞扬。但是，管仲重视行政管理对经济活动和个人行为的控制，司马迁则强调自由放任而反对政权干涉个人的求利求富行为，认为个人富裕会推动社会风气的好转。这样看来，司马迁持有比管仲更加彻底的"利以生义"说，称之为"唯利生义"说也不为过。

【原文】

天下熙熙，皆为利来；天下攘攘，皆为利往。

——（西汉）司马迁：《史记·货殖列传》

【释义】

天下人来来往往、四处奔波，说到底都是为了利益。

【解读】

熙熙（xī xī）、攘攘（rǎng rǎng）：形容人来人往，非常热闹。司马迁在《史记》中大加赞赏义薄云天之人，弘扬正义精神，但是，他的高明之处在于没有因此而简单地否定"利"，也没有把"义"和"利"对立起来，而是通过人物故事来肯定人们追逐利益的合理性。他在《史记·货殖列传》中大谈特谈"利"，详细记录了政治家出身的范蠡、孔子的弟子子贡、放牧的乌氏倮、巴寡妇清等巨商大贾的经营活动，将他们与政治人物相提并论，赞美他们的商业智慧和职业道德，甚至称其为无冕之王，得出"天下熙熙，皆为利来；天下攘攘，皆为利往"的结论。司马迁认为，追求财利是人的共同本性；大千世界，芸芸众生，无论贫富贵贱，之所以东奔西走、南来北往，都是为了利益；只要能得到名和利，正义可以丧失，尊严也可以丢掉；贪图安逸、追逐利益，是无法改变的事实，任何想改变这一事实的教化都将白费口舌、徒劳无功。

【原文】

谷足食多，礼义之心生；礼丰义重，平安之基立矣。

——（东汉）王充：《论衡·治期》

【释义】

谷物充足、食品繁多，守礼崇义之心就会产生；礼节丰富、义德厚重，国家清平安定的基础就确立了。

【解读】

在汉代，董仲舒的天人感应说占支配地位，其要旨是天帝有意识地创造了人，为人类生出五谷万物，生下帝王来统治万民。这种理论将儒家思想打上神秘主义色彩，并掺进谶纬学说，使儒学变成儒术。王充在《论衡》中以道家的自然无为思想作为立论基础，细说微论，以事实验证言论，解答世俗之疑，辨别是非之理，对谶纬说和儒术进行批判，弥补了道家空说无着的缺陷。"衡"的本义是天平，"论衡"即评定言论的天平，其目的是"冀悟迷惑之心，使知虚实之分"。王充认为，"谷足食多"，人们才可以"心生礼义"，天下就会太平；反之，"谷食乏绝，不能忍饥寒"，人们为了生存而被迫利欲熏心，顾不上遵礼尚义，就会导致天下大乱。王充继承管仲的"利以生义"思想，强调物质生活对社会道德观念的制约作用，在肯定物质生活第一性方面具有朴素唯物主义思想倾向。正因为《论衡》一书质疑孔孟，反叛儒家正统思想，所以遭到历代封建统治阶级的冷遇、攻击和禁锢，将它视为"异书"。

【原文】

礼义之行，在谷足也。

—— （东汉）王充：《论衡·治期》

【释义】

礼义的推行，在于谷物的充足。

【解读】

为了论证"礼义之行，在谷足也"的观点，王充举例说："故饥岁之春，不食亲戚；穰岁之秋，召及四邻。不食亲戚，恶行也；召及四邻，善义也。为善恶之行，不在人质性，在于岁之饥穰。"意思为，在荒年的春天，不拿东西给亲戚吃；在丰年的秋天，邀请四方邻居共同享用。不拿东西给亲戚吃，是邪恶的行为；邀请四方邻居共同享用，是善良的义举。做出善良或是邪恶的事，不在于人的本质特性，而在于年岁的丰歉。显而易见，王充认为，人们的礼义道德是在物质生活富裕之后才产生的，道德水准的高下以生活条件的优劣为转移。《论衡》是王充耗费三十年心血才完成的一部奇书，同时代的蔡邕见到《论衡》后如获至宝，密藏而归。范晔在《后汉书》中将王充、王符和仲长统三人合在一起立传，后人誉之为"汉世三杰"。

【原文】

既无利功，则道义者乃无用之虚语耳。

　　　　　　——（南宋）叶适：《习学记言序目》

【释义】

如果没有利益和功名，那么道义就是没有用的虚幻的词语罢了。

【解读】

叶适主张功利之学，反对当时道学和心学空谈义理和心性，把"义"与"利"、"理"与"欲"统一了起来，堪称永嘉学派的主要代表和集大成者。他认为，计较利害、就利远害，是自然之事，只要不越其分就可以；董仲舒学说"初看极好，细看全疏阔"，不合于圣人之道，实为"无用之虚语"。叶适一生反对朱熹的理学思想，对理学家崇拜的曾子、子思、孟子等人进行大胆批判。南宋孝宗淳熙十五年（1188）六月，朱熹无端被兵部侍郎林栗参劾，叶适立即义无反顾地上书，为朱熹辩护，揭露和抨击林栗以政治权力压制学术思想的恶劣行径，竭尽全力地支持朱熹。可见，叶适为人正派，不将学术上的意见分歧带到做人上，是一个理论上旗帜鲜明、人格上正义凛然的人。朱熹的理学派、陆九渊的心学派与叶适的事功学派，并称"南宋三大学派"。

【原文】

穿衣吃饭，即人伦物理；除却穿衣吃饭，无伦物矣。

——（明）李贽：《焚书·答邓石阳》

【释义】

穿暖衣、吃饱饭，就是人伦道德；除了穿暖衣、吃饱饭，就没有人伦道德可言。

【解读】

李贽是晚明思想启蒙运动的旗帜，是一位以"奇谈怪论"著称的狂人奇士。他反对正统儒学的道德伦理至上主义而提倡社会功利主义，揭露封建社会"无所不假"与"满场是假"的虚伪现实。他否定董仲舒所说的"正其道不谋其利，修其理不急其功"，指出"吾道苟明，则吾之功毕矣。若不计功，道义何时而可明也"。他否定朱熹提出的"存天理，灭人欲"，主张用功利原则去审视事物的合理性，提出物欲是"自然之理"的观点。他认为，英雄、圣人也是人，也在社会中生活，也要"穿衣吃饭"；逐利不是坏事，而是农工商学各勤其业的动力；统治者不要阻止人们寻求利益，而要尊重人们追求功利的愿望。李贽对商鞅、李斯、晁错、桑弘羊等务实革新人物持肯定态度，而对高谈心性、清论玄微的儒者表示不满。

三、义利并重：义与利者，人之所两有也

【原文】

利者，义之和也。

——（商末周初）《周易·乾·文言》

【释义】

利，就是"义"不断累积、共同作用的结果。

【解读】

《周易》坚持义利一致思想，提出"利者，义之和"与"利物足以和义"这两个代表性论断。《周易》认为，"义"即道德规范，"利"即物质利益，"和"即和谐；"义"的"和"处，便是"利"；利物、利他、得应得之利，便是"和"；一切事物处理合宜、符合节度，便是"义"与"利"的"和"处；达到和谐

共生的状态，各方才能获取利益的最大化，实现互惠互利的最佳状态。同时，《周易》强调，"义"与"利"是两个东西，或是一个东西的"体"与"用"；"义"是"体"，是主体，是本质的、主要的东西，是生"利"的根本、统"利"的灵魂；"利"是"用"，是从属的、次要的东西，是"和义"的手段、服务于"义"的支辅；无"利"之"义"不便于推行，行"义"时不能忽视"利"。

【原文】

厚爱利足以亲之，明智礼足以教之。

——（春秋）管仲：《管子·权修》

【释义】

君主给予宽厚的仁爱和利益就完全可以亲近人民，申明知识和礼义就完全可以教化人民。

【解读】

管仲指出，"夫凡人之情，见利莫能勿就"，要求国君"通货积财"与"旦暮利之"。另一方面，他又强调"义"的重要性，"非吾仪虽利不为，非吾当虽利不行，非吾道虽利不取"，提出礼、义、廉、耻是国家的"四维"，"义"是维系国家安危的重要精神支柱。因此，管仲在义利关系的看法上吸收儒法二家的主张并加以改造，强调重利而不轻义，"义"中有"利"的内涵，"利"应受到"义"的约束，把义与利视为巩固统治地位的两个缺一不可的方面。他认为，如果从精神上施行正义的教化，从物质上给予利益的满足，百姓就会遵守秩序、服从管导，社会就会稳定有序。

【原文】

富与贵，是人之所欲也；不以其道得之，不处也。贫与贱，是人之所恶也；不以其道得之，不去也。

——（春秋）孔丘：《论语·里仁》

【释义】

富裕和显贵，这是人们想得到的；如果不是用正当方法获取它，就不要去获取。贫穷与低贱，这是人们所厌恶的；如果不是用正当方法摆脱它，就不要去摆脱。

【解读】

儒家从重义轻利的基本思想出发，突显"义"的首要地位。孔子主张"罕言利"，孟子有"何必曰利"的说法，董仲舒提出"正其道不谋其利，修其理不急其功"的观点，宋明理学家严辨义利、理欲和公私。这就易于给人一种印象，似乎儒家只重义而排斥利，这一认识并不符合实际。孔子在提倡见得思义、反对见利忘义的同时，也指出"富与贵，是人之所欲也"，"贫与贱，是人之所恶也"，认同人们追求正当利益的合理性。孔子强调，任何人都厌恶贫穷困顿的生活，希望过上富贵安逸的日子；无论获取财富和地位，还是远离贫苦和卑贱，都应坚持"以其道得之"，切忌违背正义原则而贪恋不法之财。

【原文】

富而可求也，虽执鞭之士，吾亦为之；如不可求，从吾所好。

——（春秋）孔丘：《论语·述而》

【释义】

合乎正义的财富就可以去追求，即使让我做拿着鞭子驾车的差役，我也去做；如果财富不可以去追求，那就依从我的喜好去做。

【解读】

"至圣先师"孔子坚持义重于利的价值观，反对为了逐利而抛弃正义的行为。同时，他强调追求利益的正当性，鼓励人们去追求个人的合法利益，并表示为了获得这种利益，自己不惜"执鞭"而为。孔子到卫国，弟子冉有询问国家富庶后的治国方针，孔子以"富之"二字作答。在孔子看来，义利之间虽然存在矛盾，在根本上却是统一的。因此，孔子的义利观全面而深刻，既主张"义以为上"，又提倡在合乎正义的情况下获取利益。这在一程度上反映了孔子带有折中主义性质的义利观，充满辩证思维，饱含儒家的中庸智慧。

【原文】

礼以行义，义以生利，利以平民，政之大节也。

——（春秋）左丘明：《左传·成公二年》

【释义】

礼制用来推行正义，正义用来产生利益，利益用来安定百姓，这是执政的重要原则。

【解读】

春秋时期，卫穆公派遣孙良夫率兵入侵齐国，和齐军在新筑相遇，发生"新筑之战"。新筑大夫仲叔于奚援救孙良夫，使孙良夫幸免于难。不久，卫国把城邑赏给仲叔于奚。仲叔于奚辞谢封赏，而请求得到只有诸侯才能使用的一种乐器，并想用繁缨装饰马匹来朝见。卫穆公答应了仲叔于奚的请求。孔子听说这件事，说："可惜啊！还不如多给他城邑。唯有器物和名号，不能许给别人，这是国君才有资格掌握的。"接着说："名以出信，信以守器，器以藏礼，礼以行义，义以生利，利以平民，政之大节也。"与此言相类似，《国语·晋语一》中有"义以生利，利以丰民"的表述。

【原文】

德以施惠，刑以正邪，详以事神，义以建利，礼以顺时，信以守物。

——（春秋）左丘明：《左传·成公十六年》

【释义】

德行用来施予恩惠，刑罚用来纠正邪恶，祥和用来事奉神灵，正义用来建立利益，礼法用来顺应时宜，信誉用来守护事物。

【解读】

"义"作为社会公认的道德准则，必然带来广泛的物质利益，即这里所说的"义以建利"。"义"在本质上代表社会整体利益的要求，以一定的功利为目的，当然，这种功利不是指个人的不正当财利，而是指每位社会成员的合法利益，更是利集体、利国家、利天下之利。"义"作为儒家尊崇的伦理规范和道德理想，其价值意义被优先确立。但是，仅仅强调正义的优先性、至上性，并不能起到调节利益和规范行为的作用，因为它可能走向对"利"的否定。所以，原始儒学的代表人物如孔子在强调正义优先的同时，也承认物质利益的合理存在。无"义"之"利"必定被全部儒生所抛弃，而绝大部分儒者也不倡导无"利"之"义"。

【原文】

义以生利，利以丰民。

——（春秋）左丘明：《国语·晋语一》

【释义】

正义用来产生利益，利益用来使百姓丰裕。

【解读】

东周惠王十一年（前 666），晋献公准备废长立幼，大臣丕郑劝道："吾闻事君者，从其义，不阿其惑。惑则误民，民误失德，是弃民也。民之有君，以治义也。义以生利，利以丰民，若之何其民之与处而弃之也？必立太子。"意思是说，我听说侍奉国君的人应服从正义，不可屈从于国君的错误。国君错了就会影响民众，导致民众跟着犯错而丧失德义，这样就是抛弃民众。民众需要国君，视其为践行正义原则的标杆。正义产生利益，利益用来富民，怎么能既与民众共处却又抛弃他们呢？您一定要立长子申生为太子。"义以生利"，是说"义"是"利"的制约因素，"利"是依据这种制约而获得的合理结果；"利以丰民"，则强调"利"对老百姓的重要性，即可以使

人民丰衣足食。《左传·成公二年》载有孔子所说的
"义以生利，利以平民"，与此语表达的意思相同。

【原文】

义以导利，利以阜姓。

—— (春秋) 左丘明：《国语·晋语四》

【释义】

正义用来导引利益的产生，利益用来壮大同姓
家族。

【解读】

姓：姓氏，代指同姓家族。"义以导利"的观点
认为，"义"是"利"的来源，"利"是"义"的结果，
正义是约束和规范获利的道德要求。"利以阜姓"，表
明利益与人数成正比，即利益增长能促进家族人口增
多。春秋时期，晋公子姬重耳流亡到秦国，秦穆公嬴
任好想把五个女子都嫁给重耳，秦穆公之女怀嬴为其
中之一。重耳不想娶怀嬴，他的师傅司空季子力劝他
纳怀嬴为妻，反复强调"义以导利，利以阜姓"的
观点。在司空季子和重耳的舅舅狐偃的规劝下，姬

重耳改变了想法，向秦国纳聘礼，与怀嬴成亲。《国语·周语下》中有"言义必及利"之说，与"义以导利""义以建利"等一样，都是在义利并重的高度上言"利"。

【原文】

敢使下臣尽辞，唯天王秉利度义焉！

——（春秋）左丘明：《国语·吴语》

【释义】

请容许下臣冒昧地把话讲完，只等天王从利益和正义两方面考虑权衡吧！

【解读】

东周敬王二十六年（前494），越王勾践轻率出兵攻打吴国，吴国统帅伍子胥指挥吴军大败越军。吴王夫差不顾伍子胥的劝谏，允许勾践议和而保留了越国。此后，夫差再度兴兵攻讨越国，越国考虑到实力不足以敌，为了争取喘息机会来培养国力，勾践派大夫诸稽郢以卑辞厚礼到吴国求和。诸稽郢不辱使命，利用夫差目光短浅、爱好虚名的弱点，以巧妙婉转的辞令向夫差求和，也把越国自强之心和谴责吴国之意隐藏在言语中，最后说了这句话，提醒夫差从利益和正义两个维度进行决断，隐含吴国从义利两方面来看都该答应越国议和请求之意。诸稽郢最终成功说服夫差，为越国争取到了休养生息的宝贵时间。

【原文】

义，利也。

——（春秋末战国初）墨翟：《墨子·经上》

【释义】

正义，就是利益。

【解读】

在这里，墨子以"利"释"义"，指出"义"就是"利"、"义"以"利"为内容，提出义利合一的观点。墨子坚持义利并重思想，以增进人民之利、国家之利、天下之利为立论宗旨，既"贵义"又"尚利"，主张义利兼举。他认为，"兼相爱"和"交相利"是互训的、统一的；义，即利人、利天下，是让人获利、让天下获利的手段；利，是"兼相爱"理念的行为准则，也是衡量事物合乎"义"的价值判断尺度。可见，墨子的义利观是功利主义价值观，只不过他所说的"利"不是损人利己之利、世俗所慕财货之利，而是人民、国家、天下之大利。正如《墨子·经上》所说："功，利民也。"墨家学说着眼于"农与工肆之人"，受到底层劳苦大众的青睐。墨子自立门户，聚徒讲学，四处游说，不输儒者，故有"孔席不暖，墨突不黔"之说。

【原文】

义，利；不义，害。

——（春秋末战国初）墨翟：《墨子·大取》

【释义】

正义，就是利人、利天下；不正义，就是害人、害天下。

【解读】

墨子认为，利人、利天下的行为即为"义"，"亏人自利"、害天下的行为则为"不义"；义，即兴利除害，亦即"兼以易别"。他强调"天欲人相爱相利，不欲人相恶相贼",主张以"兼相爱,交相利"取代"别相恶,交相贼",将"兼爱"建立在人类的"互报"上,以达到"爱无差等"的目标。极其难能可贵的是,墨子高举行义重利之大旗,带领弟子进行科学技术实践,在几何、力学、光学等自然科学及军事技术、机械、土木工程等方面取得卓著成就,创下一个个"历史第一"。在数学和几何学领域,他对点、线、面、方、圆、比、平行、相交、相切等都有较完整的定义和描述,对倍数、变数、极限、十进制等均有论证;在物理学领域,他对杠杆、天平、滑轮、斜面等现象进行深入分析和科学概括;在光学领域,他对阴影、倒影、平面镜、凹面镜、凸面镜等原理,对光的传播、光源与物像的关系、物影的形成等,都有独到见解。从这个意义上来看,墨子坚持义利统一思想,将义利兼举理念投射和外化到科技领域,为达到义利兼收的功利性目标而不懈努力,以最终实现"刑政治,万民和,国家富,财用足,百姓皆得暖衣饱食,便宁无忧"的大同社会理想。梁启超在《〈墨经校释〉自序》中说:"在吾国古籍中,欲求与今世所谓科学精神相悬契者,《墨经》而已,《墨经》而已矣。"由是,墨子被尊称为"科圣"。

【原文】

所为贵良宝者，可以利民也，而义可以利人。故曰：义，天下之良宝也。

——（春秋末战国初）墨翟：《墨子·耕柱》

【释义】

珍贵如精美珠宝的东西，可以给人民带来利益，而正义可以给人民带来利益。所以说：正义，是普天之下的精美珠宝。

【解读】

这是个典型的三段论，包含三层意思："良宝"可以利民、利人；"义"可以利民、利人；"义"是"天下之良宝"。这三层意思一环扣一环，程式严谨，逻辑严密，从前两者推出后者，从而得出"义，天下之良宝"的结论。墨子认为，"义"就是公利，就是人民之利、国家之利、天下之利，而不是一己私利。墨子还说："利人乎，即为；不利人乎，即止。"也就是说，有利于他人的事合乎正义，就去做；不利于他人的事不合乎正义，就不能做。在这个三段论式的推断之前，墨子列举生动的例子进行了充分铺垫，来说明对于治国理政来说，"和氏之璧、隋侯之珠、三棘六异"不是"良宝"，而"义"才是真正的"良宝"。他说："和氏之璧、隋侯之珠、三棘六异，此诸侯之所谓良宝也。可以富国家，众人民，治刑政，安社稷乎？曰：不可。所谓贵良宝者，为其可以利也。而和氏之璧、隋侯之珠、三棘六异，不可以利人，是非天下之良宝也。今用义为政于国家，人民必众，刑政必治，社稷必安。"意思是说，和氏璧、隋侯珠、三翮六翼的九鼎，这是诸侯所说的"良宝"。它们可以促使国家富裕、人口增多、刑政实施、社稷安定吗？回答说：不能。"良宝"之所以贵重的原因，是因为它们可以给人们带来利益。而和氏璧、隋侯珠、三翮六翼的九鼎，不能给人们带来利益，所以这些都不是天下的"良宝"。现在把正义原则运用于国家治理，人口必然增多，刑政必然得到实施，社稷必然安定。

【原文】

义与利者，人之所两有也。

—— （战国）荀况：《荀子·大略》

【释义】

正义和利益，是人们兼而有之的东西。

【解读】

在这句话里，荀子提出"义利两有"的主张，将"义"与"利"结合起来，承认"义"与"利"具有同时存在的可能。同孟子的性善论相反，荀子主张性恶论，认为人天生喜好利益，如果不加以正确引导，人们就会陷入唯利是图、见利忘义的泥淖。在认识到这种与生俱来的求利欲望的同时，他还强调，人有爱好正义的一面，可以对人们的义利倾向进行适当引导，能满足其利欲的尽量满足，满足不了的利欲通过后天教化使其节制。与孔子一样，荀子也把"义"视为辨别"君子"与"小人"的标准。在他看来，君子以"义"作为处世准则，能够做到重情重义，既能修身又能获利，可以实现义利兼得；"小人"则以利处世，蝇头小利看似得到不少，实则义利两废。荀子认为，国家既要创造一定的物质条件，使人们的生活得到必要保障，又要强化礼义教化，加强法治建设，防止和惩处人们攫取不义之财。可以说，荀子继承并超越了孔孟义利思想，形成非常实用的"义利两有"价值观。

【原文】

此谓国不以利为利，以义为利也。

——（西汉）《礼记·大学》

【释义】

这就是说国家不应把财利作为最高利益，而应把正义作为最高利益。

【解读】

此语可以有两种理解：一是处理国内事务时，不能巧取豪夺、与民争利，而要坚持"以义为利"，想方设法让利于民，对人民行仁政、施仁义，为人民谋福祉，让人民活得有尊严，使经济社会发展成果由人民群众共享；二是在国际交往时，不能只追求你少我多、你输我赢，更不能搞一家通吃、损人利我，而要坚持"以义为利"，妥善处理国与国之间的义利关系，在国际合作中既崇尚并主持正义、又寻求国家利益最大化，真心诚意地互相支持、互相帮助，达到合作共赢的结果。

【原文】

天之生人也，使人生义与利，利以养其体，义以养其心。心不得义不能乐，体不得利不能安。

——（西汉）董仲舒：《春秋繁露·身之养重于义》

【释义】

上天生养人类，使人生出正义和利益，利益用来滋养身体，正义用来滋养心灵。心灵不能得到正义就不能快乐，身体不能得到利益就不能安宁。

【解读】

关于董仲舒的义利观，最有名的是《汉书》所载"正其谊不谋其利，明其道不计其功"，后人多因此而误以为他只言"义"而不言"利"。事实上，董仲舒确实持有义重于利的根本价值取向，但在此前提下又奉行"义利两养"思想。他把"义"和"利"并列起来，认为"义"和"利"都是客观存在，它们之所以"生"，是上合天理、下合人情的。"养体"与"安体"之"利"是一般意义上的生活资料和物质财富，为人们赖以生存所必需。他把"利"分为公利和私利，将公利提升到"义"的高度来认识，提倡为国家建功

立业，为公利作贡献，大兴天下之公利。董仲舒讲
"利"与讲其他问题一样，总与"天"联系起来，从
"天"和自然规律的角度来说明"利"之存在的客观
必然性。比如，《春秋繁露·祭义》："五谷，食物之
性也，天之所以为人赐也。"《春秋繁露·服制》："天
地之生万物也，以养人。"《春秋繁露·止雨》："天之
常意在于利人。"《春秋繁露·王道通三》："天常以爱
利为意，以养长为事，春秋冬夏皆其用也。"《春秋繁
露·诸侯》："天虽不言，其欲赡足之意可见也。"这
些论述旨在说明上天赋予人以"利"，人之有利、求
利、不可缺利是客观的、必然的。董仲舒指出，古代
圣王之所以获得人民的尊敬和拥护，正是因为"见天
意之厚于人也，故南面而君天下，必以兼利之"；统
治者应满足人们追求正当利益的愿望，"以爱利天下
为意，以安乐一世为事"。

【原文】

利可言乎？曰：人非利不生，曷为不可言？

——（北宋）李觏：《李觏集·原文》

【释义】

财利可以说吗？答道：人没有财利就不能生存，为什么不可以说呢？

【解读】

作为北宋儒家功利学派的开创性人物，李觏以极大勇气尖锐批判孟子"何必言利"的观点，公开倡导"言利"。他认为，"欲者人之情""焉有仁义而不利者乎"；如果把利欲视为违反仁义道德的恶事而不许人们"言利"，就是"贼之人生，反人之情"；利欲只要符合正义的规定，就不是贪婪；礼、义、爱、威，都建立在"财用"的基础上；只有使人民富裕，国家才能秩序井然、安定强大。李觏是一位主张富国强兵的实践型儒者，反对把"利"和"义"对立起来，重视义理与功利的结合，勇于批判社会现实，力图革新改良。李觏以《周礼》为基础，汲取管子、商鞅、韩非等富国强兵、重农抑商的思想，从物质利益是人类社会生活的根本这一基本观点出发，主张"治国之实，必本于财用"。

【原文】

理财，乃所谓义也。一部《周礼》，理财居其半，周公岂为利哉？

——（北宋）王安石：《答曾公立书》

【释义】

管理财物，就是通常所说的正义。一部《周礼》，管理财物的内容占了一半，难道周公旦是为了一己私私吗？

【解读】

王安石主张义利并行、富国强民，既讲"义"又讲"利"，认为"义"和"利"是统一的。王安石推行熙宁变法，遭到以司马光为首的反对派的肆意抨击。反对派指责王安石"生事"和"征利"，说他皇皇求利、不知礼义、违反孔孟思想。针对这种无端攻击，王安石说了这段话，还说："举先王之政，以兴利除弊，不为生事；为天下理财，不为征利。"意思是说，实行古代贤明君主的政策，用来兴办对国家和人民有利的事业，消除种种弊病，不是制造事端；为国家管理财务，不是与百姓争夺财利。王安石强调正义与财利的一致性，认为理财就是"义"，表明兴利理财合乎"先王之政"，自己没有离经叛道，当然不能说是"不义"。在一定程度上讲，王安石的义利思想是其主持熙宁变法的指导思想。

【原文】

惟仁义，则不求利而未尝不利也。

——（南宋）朱熹：《孟子集注》

【释义】

只要心怀仁义，即使不刻意追求利益，也没有什么利益得不到。

【解读】

朱熹说："义者，天理之所宜；利者，人情之所欲。"他对"利"的基本内涵作过这样的阐述："有自然之利，如云'利者义之和'是也。但专言之，则流于贪欲之私耳。"这就意味着，他把"利"划分为"自然之利"和"贪欲之私"两种类型，并对它们采取不同的态度。正如他所说："利是那义里面生出来底。凡事处制得宜，利便随之，所以云'利者义之和'。盖是义便兼得利。若只理会利，却是从中间半截做下去，遗了上面一截义底。小人只理会后面半截，君子从头来。"在朱熹看来，如果"利"是因"义"而来的"自然之利"，"义便兼得利"，两者互相渗透、彼此包含，"义在利中"，"利在义中"，就应该坚持义利统一的态度；如果"利"是个人的"贪欲之私"，是"专言利"而忽视"义"的不正当所得，"义"和"利"存在尖锐的冲突，就应该坚持义本利末的态度。朱熹认为，在"惟仁义"和"循天理"的前提下，"利"是"自然之利"，因此"义即利"，"义"和"利"是一体的；"义中自有利"，"利物足以和义"，"义和处便是利"；"君子"与"圣人"倡导和践行先义后利的价值观，追求的是利他、利后世子孙、利社会、利国家的大利和远利；"循天理，则不求利而自无不利"。不过，出于对现实人性的考量，他又分外强调重义轻利、以义制利，而且这是他的主要态度。

【原文】

诸儒自处者曰义曰王，汉唐做得成者曰利曰霸。一头自如此说，一头自如彼做；说得虽甚好，做得亦不恶。如此却是义利双行、王霸并用。

——（南宋）陈亮：《又甲辰秋书》

【释义】

众多儒家自称坚守正义和王道，把打下江山的汉祖唐宗称为逐利和霸道。儒家这一边这么说，帝王那一边那么做。说得纵然很好，做得也并不差。这样就是"义利双行"和"王霸并用"。

【解读】

南宋时期，理学兴盛并被奉为官方哲学，成为显学。同时，浙东事功学说也兴盛起来，形成与居于主导地位的正统派理学之间的对立。陈亮与朱熹之间关于"义利王霸"的论辩名噪一时，争辩的直接诱因是朱熹反对陈亮主张的"义利双行"和"王霸并用"。两人的最大分歧在于对"天理"与"人欲"、"义"与"利"、"王"与"霸"之间关系的看法。朱熹崇义绌利，认为夏商周三代以上是"天理流行"的王道盛世，三代以下是"人欲横流"的霸道衰世，强调"天理"为"义"、"人欲"为"利"，宣扬"存天理，灭人欲"。而陈亮盛赞汉唐功业，倡导德才兼用、通时达务，奉行王霸义利一元论，其基本思想是"义利双行、王霸并用"的事功之说，认为"王道"与"霸道"、"仁义"与"功利"、"天理"与"人欲"是统一的。

【原文】

君子不必于得禽也，而非恶于得禽也。

——（南宋）陈亮：《又乙巳春书之一》

【释义】

品德高尚的人不一定想猎获禽兽，却也不厌恶猎获禽兽。

【解读】

在这句话后面，陈亮接着说："范我驰驱而能发必命中者，君子之射也，岂有持弓矢审固而甘心于空返者乎？"意思是说，我按照规矩驾车奔驰就一定能百发百中，品德高尚的人出去打猎，难道还会手拿弓箭瞄准了却心甘情愿空手而归吗？陈亮反对朱熹空谈"义理"和"心性"，主张学术与事功的统一，指出学术的目的在于经世致用，坚持"义利双行、王霸并用"的观点，认为人们逐利求富的欲望和行为是合理的，把"义"与"利"人为割裂开来是迂腐之见。陈亮所说的"利"，内涵比朱熹所言更加宽博深厚，不仅指无节制的一己之私利，而且泛指"生民之利"，进而拓展到人们的一切感性欲望和获利之心。陈亮认为，人不能离开"事功"而空言义利，不讲效果的行为是徒劳而愚蠢的；正义和功利是个统一体，讲正义不能抛弃功利，不能离开足民裕民、富国强兵。

【原文】

物之所在，道则在焉。

——（南宋）叶适：《水心别集进卷诗》

【释义】

事物存在的地方，正义就一定存在。

【解读】

以叶适为代表的永嘉学派立足于现实社会，以经世致用为旗帜，以反对理学为宗旨，强调物质利益的现实意义，对朱熹理学构成很大冲击。叶适坚持唯物主义观点和崇义养利的价值主张，提倡"事功之学"，反对当时道学和心学空谈义理和心性，认为正义不可能脱离具体利益而存在，并肯定人的正当利益的合理性，重视商业行为，呼吁提高商人地位。其实，叶适议论得最多的是国家、天下的利害，认为"必尽知天下之害，而后能尽知天下之利"，建议改革弊政，去害兴利，使国家富足起来，尽显忧国忧民的经世情怀。与"物之所在，道则在焉"的意思相类似，同为事功学派的陈亮说："道之在天下，何物非道？"

【原文】

成其利，致其义。

——（南宋）叶适：《习学记言序目》

【释义】

实现人们的利益，达到正义的要求。

【解读】

叶适的功利主义思想有"体"有"用"，人性天赋论、理欲统一论、义利兼顾论是理论基础，即为"体"，而改弱就强、革除流弊，实现抗金复仇大义是改革主张，即为"用"。他主张义利兼重，即在义利之间并无偏废，既不提倡取义舍利，也不提倡逐利舍义，在注重利益的社会功效的同时强调合乎正义的道德动机。叶适说："崇义以养利，隆礼以致力。"他大力驳斥程朱理学家将义利对立、言义而不及利的观点，坚持"利"在义利范畴中是第一要义，在"义利兼行"的基础上侧重于"以利导义"和"成利致义"，指出"就利去害之心"是"众人之同心"，是人的自然本性。

【原文】

义者，利之合也。知义者，知合而已矣。

——（明末清初）王夫之：《春秋家说》

【释义】

正义，就是利益的聚合。认知正义，就是认知聚合的道理罢了。

【解读】

王夫之坚持义利并重的价值观，反对禁欲主义，批评程朱理学的"存天理，灭人欲"，提倡不能离开"人欲"而空谈"天理"，主张"天理"就在"人欲"

之中。船山先生认为，人类之所以需要正义，是为了维护自己正当的个人利益；从表面上看，"义之与利，其途相反"，而从实质上看，"则故合也"；正义是对利益关系的调节、宰制与规约，用来确保各种正当利益最大化，使人们安居乐业、社会有序运行；统治阶级只有把关心和维护百姓利益作为施政之要，道德教化才能落地生根，才能在老百姓中产生效果。王夫之的这种义利观强调"义"的功利性，把正义拉进现实的利益世界，解决了宋明儒家将义利对立起来的问题。

【原文】

德为万化之本原，而财乃绪余之必有，图其本而自可生其末。

——（明末清初）王夫之：《四书训义》

【释义】

德义是万事万物的根本，而财利是其次必须具有的，掌握了它的根本就自然可以生成细微末节。

【解读】

绪余：抽丝后留在茧子上的残丝，后泛指剩余的、次要的部分。王夫之继承和发展《大学》的德本财末观点，坚持民为邦本、义利兼顾的思想。他认为，既要崇尚德义，又要强民富国；对待庶民百姓，既要"富之"，也要"教之"，使其在享受物质便利的同时过上有意义的精神生活；如果统治者自己拼命聚敛财富，必然导致"财聚则民散"的恶果；把藏富于民列为以德治国的题中应有之义，尊重和维护百姓的物质利益，是实现王义的重要环节，有利于形成"天下有道"的局面。王船山强调，统治阶级应"以养民为义"，允许老百姓追求自己的个人利益，不可"屑屑然求财货之私己以为利"，更不能与民争利。

【原文】

正其谊以谋其利，明其道以计其功。

——（清）颜元：《四书正误》

【释义】

端正义德就是为了谋取利益，明达道义就是为了计较功利。

【解读】

谊：同"义"，正义，道义，义德。清初儒者颜元认识到宋明理学空谈心性义理对国家的危害，反对义利对立思想，提出"正谊谋利，明道计功""义乃利之和"的主张，形成义利统一的基本思想。颜元认为，"义"与"利"既相互区别又相互联系、相互渗透，"谋利""计功"是人的本性，是"正义""明道"的目的，"正义""明道"是"谋利""计功"的手段。这样，"义"和"利"就紧密地结合起来了。颜元勇于挑战权威、荡涤腐朽，认为董仲舒提出、朱熹列为"处事之要"的"正其谊不谋其利，明其道不计其功"大错特错，就把其中两个"不"字改成"以"字，即"正其谊以谋其利，明其道以计其功"。这一大胆论断完全颠覆了宋儒正统义利观，反映了明末清初的社会剧变促使哲学领域发生的深刻变化，具有思想启蒙意义。

【现实意义】

牢固树立义利统一的社会主义义利观

"义"是什么？"利"是什么？"义"和"利"的

关系又是什么？这是数千年来一直在探讨的关于价值观的核心问题，其答案随着时代的变化而不断变化。

从汉武帝实行"罢黜百家，独尊儒术"政策开始，儒家的重义轻利思想居于统治地位，后来发展成为以"存天理、灭人欲"为核心的宋明理学。先义后利、见利思义，始终成为汉代以后实行中央集权制度的封建国家的主流价值观。在这种主流价值观的感召下，中华民族涌现出多少忠孝节义之士，奏响了一曲曲惊天地、泣鬼神的壮丽凯歌。但应清醒地看到，封建统治阶级把他们的共同利益推崇为"义"，其主张"以义制利"的目的就是维护统治地位和巩固封建政权。

进入社会主义时代后，我们一直在探索。新中国成立后的一段时期内，在过分集中的计划经济体制下，由于"左"的思想的影响，曾一度片面强调国家整体利益而忽视个人利益，大大抑制了群众的劳动积极性。改革开放以后，随着社会主义市场经济体制的建立，受西方功利主义观点的影响，在一定范围内出现道德滑坡现象，不少人走向另一极端，片面强调个人利益，陷入唯利是图、拜金主义的泥潭。

中国的改革开放和经济腾飞，呼唤着思想文化和价值观念的革新，呼唤着顺应潮流的科学义利观。党的十一届三中全会以来，通过总结经验和教训，我们党对义利问题的认识日益深化和成熟。1996年10月10日，党的十四届六中全会通过的《中共中央关于加强社会主义精神文明建设若干重要问题的决议》指出："反对见利忘义、唯利是图，形成把国家和人民利益放在首位而又充分尊重公民个人合法利益的社会主义义利观。"这是我们党首次明确提出社会主义义利观，其内涵概括起来讲就是义利兼顾、以义为先。2001年9月20日，中共中央印发《公民道德建设实施纲要》，重申"把权利和义务结合起来，树立把国家和人民利益放在首位又充分尊重公民个人合法利益的社会主义义利观"。党的十八大以来，习近平总书记多次阐述"坚持正确义利观"，强调要"坚持正确义利观，永远做发展中国家的可靠朋友和真诚伙伴"，"坚持正确义利观，义利并举，以义为先"，"坚持正确义利观，做到义利兼顾，要讲信义、重情义、扬正义、树道义"。

倡导和践行义利统一的科学的社会主义义利观，既要求公民遵纪守法、重情重义，又充分尊重其追求物质利益和精神享受的意愿，其导向作用已经在经济、政治、文化等各个社会领域发散开来。这种新型的义利观就是深沉而持久的思想先导和行为指南，能够帮助人们在价值判断上作出正确选择。当今时代，在遵守道德要求和法律规定的前提下，劳动者可以放心地甩开膀子、放开手脚，理直气壮地追求财富，让自己的口袋鼓起来。

义利兼顾、以义为先的义利统一的社会主义义利观，孕育于中华民族源远流长的传统文化，是社会主义核心价值观在义利关系上的集中体现，也是符合当代中国实际的正确的价值取向，已经成为中国特色社会主义事业健康发展的"定心丸"和"助推器"。如果每个中国人的"利"叠加成坚实稳固的基座，"义"就宛如基座上高高飘扬的精神之旗，指引着人们在实现中华民族伟大复兴中国梦的新长征路上披荆斩棘、奋勇向前！

跋

　　由李长喜同志主编、六位理论宣传工作干部联合编著的《党政干部传统文化学习丛书》——《讲仁爱》《重民本》《守诚信》《崇正义》《尚和合》《求大同》等六本书和国务院国资委监事会温克同志撰写的《养廉洁》即将出版发行。

　　《丛书》以史为鉴，以民族复兴为旗帜，弘扬优秀传统文化，践行社会主义核心价值观。丛书的编著可谓："正议中华崇信仰，纵议经典道修为，畅说美丽中国梦，尽析国策明大理。"其中，《崇正义》举公正之旗，高唱"公正"作为社会主义核心价值的主旋律；《求大同》寻根人类最高理想，求"世界大同""天下为公"，成为人类最高社会理想；《尚和合》实现大同之世，行"和合"之法，树"和合"之道；《重民本》是我国历史"民贵"思想的承传，以民为本，依靠人民，才是民族走向昌盛的根本；《守诚信》是中华民族最重要的道德规范和行为准则之一，最高的诚信是信仰的净化，民族信仰的真理之光会照耀着社会平等友爱；《讲仁爱》是中国优秀传统文化的思想精华，就是以"仁"为根本，以"爱人"为核心。所谓"仁者爱人"是一种致力于"仁爱"，践行和坚守"仁爱"的世界观、社会观、伦理观和道德观。《养廉洁》是社会需要，是践行社会主义价值观的必行之路。

这套《丛书》是根据习近平同志关于学习和弘扬中华优秀传统文化的一系列重要讲话精神编著的。丛书选取了古代明君贤相和专家学者的相关经典论述、名言警句、诗词等古代原文，译成通俗易懂的白话文，并联系现代实际，深入阐发其当代价值和现实意义，特别是对培育和践行社会主义核心价值观的精神力量，体现了习近平同志关于古为今用、推陈出新、以古鉴今的重要思想。《丛书》通俗易懂、具有很强的现实应用价值，填补了国家理论宣传领域对传统文化深层解读的知识体系之空白，也是目前国家层面高水准的党政干部传统文化研修读本，同时可以作为各级党政干部培训的参考教材和标准化的课程体系。

　　此套教材的研发，是国家文化战略重点课题《中华优秀传统文化传承体系构建研究》和"十二五"教育部规划课题《传统文化与中小学生人格培养研究》两大课题并题研究的科研成果，教材的出版也得到了中国留学人才发展基金会中华传统文化振兴基金的大力支持。

　　在此，对主编和编著者们付出的辛苦和努力，对参与和支持项目研究的各级领导和业务机构一并表示感谢。同时，特别感谢著名学者、中国书法家协会理事、"十二五"教育部规划课题《传统文化与中小学生人格培养研究》传统文化系列教材编审委员会专家、大连图书馆终身名誉馆长、研究员（享受国务院特殊津贴）张本义先生为丛书题写书名。

普颖华　张　健

国家文化战略重点课题《中华优秀传统文化传承体系构建研究》总课题组

"十二五"教育部规划课题《传统文化与中小学生人格培养研究》总课题组

统　　筹:任　超　于　青
责任编辑:宫　共
封面设计:王欢欢
责任校对:吕　飞

图书在版编目(CIP)数据

崇正义/程少华 编著;中国国学文化艺术中心 组编.
　—北京:人民出版社,2016.12
(党政干部传统文化学习丛书/李长喜主编)
ISBN 978－7－01－016499－1

Ⅰ.①崇…　Ⅱ.①程…②中…　Ⅲ.①中华文化-
干部教育-学习参考资料　Ⅳ.①K203

中国版本图书馆 CIP 数据核字(2016)第 174707 号

崇正义
CHONG ZHENGYI
程少华　编著
中国国学文化艺术中心　组编

人民出版社 出版发行
(100706　北京市东城区隆福寺街 99 号)

北京新华印刷有限公司印刷　新华书店经销

2016 年 12 月第 1 版　2016 年 12 月北京第 1 次印刷
开本:880 毫米×1230 毫米 1/32　印张:12　字数:188 千字

ISBN 978－7－01－016499－1　定价:42.00 元

邮购地址 100706　北京市东城区隆福寺街 99 号
人民东方图书销售中心　电话 (010)65250042　65289539